FVA

Rachel Jedinak

Wir waren nur Kinder

Ein Leben, um es zu leben,
ein Leben, um sich zu erinnern

Aus dem Französischen und mit
einem Nachwort von Rebecca Lyson

FRANKFURTER VERLAGSANSTALT

Titel der Originalausgabe
NOUS ÉTIONS SEULEMENT DES ENFANTS
© Librairie Arthème Fayard, 2018

Dieses Buch erscheint im Rahmen des Förderprogramms
des Institut Français.

© Frankfurter Verlagsanstalt GmbH,
Frankfurt am Main 2024
© Lektorat Frankfurter Verlagsanstalt
Alle Rechte vorbehalten
Herstellung und Umschlaggestaltung: Laura J Gerlach
unter Verwendung eines Privatfotos der Autorin
Satz: psb, Berlin
Druck und Bindung: GGP Media GmbH, Pößneck
Printed in Germany
ISBN 978-3-627-00324-1

Meinen Kindern und meinen Enkelkindern

Das Leben hängt manchmal an nur drei Worten
»Fichez le camp« – »Haut hier ab«

16. Juli 2011. Noch ist es nicht Mittag. Unter meinem Regenschirm schaue ich der Gruppe nach, die sich entfernt. Hinter mir auf dem Trottoir der Rue Boyer spielen ein paar Kinder. Es regnet, aber sie machen sich einen Spaß daraus.

Ich beobachte sie einen Moment. Ich höre ihnen zu. Sie sprechen auf eine Weise, die nur sie verstehen können. Ohne dass ich mir dessen bewusstwerde, zeichnet sich ein Lächeln auf mein Gesicht. Vor neunundsechzig Jahren war ich ungefähr in ihrem Alter und auch ein Kind dieses Viertels. Dieses Teils des zwanzigsten Arrondissements, der sich zwischen dem Père Lachaise und dem Parc de Belleville erstreckt, hinter der Kirche, das war unser Königreich.

Einer der kleinen Jungen schaut mich an und lächelt zurück, so, wie es sich einer alten Dame gegenüber schickt. Dann, ohne sich von meinen gerührten Augen aufhalten zu lassen, wendet er sich fröhlich wieder seinem Spiel zu.

Ich wende mich dem Gebäude hinter mir zu. An der Fassade rechts erkenne ich Sichel und Hammer wieder. Sie waren schon dort, als ich noch keine acht Jahre alt und die Bellevilloise eine Arbeitergenossenschaft war.

Am Eingang komme ich an der Gedenktafel vorbei, für deren Anbringung ich gemeinsam mit dem Tlemcen-Komitee so sehr gekämpft habe. Sie erinnert an die jüdischen Frauen, Männer und Kinder, die hier nach den Massenverhaftungen von 1942 eingesperrt waren, unter ihnen auch meine Mutter.

Ich nähere mich den Türen. An den Scheiben kleben Dutzende Plakate aller Couleur. Die Bellevilloise ist mittlerweile ein Ort für Festivitäten, hier finden Rockkonzerte statt, es werden Debatten organisiert.

Ich achte auf meine Schritte, um nicht auf dem Trottoir auszurutschen, und setze meinen Weg fort. Den Regenschirm schützend über meinen Kopf haltend, schlendere ich langsam an dem Gebäude entlang. Ich bemerke auf der linken Seite einen kleinen Innenhof. Ich halte für einen Moment inne; er kommt mir bekannt vor. Die Mauern, die Straße, die Farbe des Himmels, der sich plötzlich aufhellt. Die Details haben sich verändert, ja, aber der Rahmen ist immer noch derselbe.

Es ist wie eine Tür, die sich den Erinnerungen öffnet. Bilder strömen auf mich ein: meine Mutter, die Schreie, das Geheul der Kinder, die unerträgliche Hitze jenes Julitages.

Ich meine, etwas hinten im Hof zu erkennen. Es ist eine zartgliedrige Gestalt, ganz allein. Sie trägt ein Sommerkleid, hatte keine Zeit, sich die Haare zu kämmen. Es ist ein kleines Mädchen aus einer anderen Zeit. Behutsam nähere mich ihr und nehme sie an der Hand. Sie greift nach ihr, als hätte sie schon immer darauf gewartet.

Ich musste hierher zurückkehren, um sie abzuholen und ihre Geschichte zu erzählen.

1

Juni 1939. Mit einem schmollenden Mädchengesicht stehe ich im Treppenhaus. Ich warte auf meine Mutter, die sich zurechtmacht, um mich in die Vorschule zu bringen.

Louise, meine ältere Schwester, ist schon aus dem Haus gegangen.

Ich aber will nicht. Die Sommerferien stehen vor der Tür, doch das hilft nicht. Ich will nicht in die Vorschule gehen. Wenn ich die Augen schließe, sehe ich die grauen Wände, von denen die Farbe abblättert, die schwarzen Schürzen der Mitschülerinnen wie eine Schar von Raben. Und der Geruch in den Gängen dreht mir den Magen um.

Eigentlich war ich ein eher braves Mädchen. Aber an jenen Vorschultagen konnte ich meine Launen nicht bändigen, und jeden Morgen wiederholte sich die gleiche Szene. Meine so geduldige Maman musste mich regelrecht zur Schule schleppen, wie einen zu schweren Wäschesack. Während sie meinen rechten Arm schnappte, wand ich mich in alle Richtungen. »Nein!«, schrie ich. »Ich will zurück nach Hause!« Bei diesem Spiel gewann immer meine Mutter. Wir machten uns auf den Weg, und die Verkäufer der Rue des Cendriers schauten uns amüsiert nach.

Mit welcher Strategie könnte ich es heute versuchen? Mein Kopf ist auf das Treppengeländer gestützt, meine Hände und meine Stirn gegen die Gitterstäbe gepresst. Ich suche nach der zündenden Idee: Vortäuschen, dass ich krank sei? Erzählen, dass ich mir beim Runtergehen der Treppe den Knöchel verstaucht habe? Auf einmal öffnet sich oben die Wohnungstür. Es ist Maman. Jetzt muss es schnell gehen. Und wenn ich meinen Kopf einfach zwischen die Eisenstäbe stecke? Ihre Schritte kommen näher, ich habe keine Zeit zu verlieren. Ich muss ein bisschen drücken, aber mein Kopf passt durch.

»Komm mein Schatz, wir gehen!« Meine Mutter sprach Jiddisch mit uns. Mein Vater auch. Obwohl wir alle vier Französisch beherrschten, sprachen wir Jiddisch miteinander.

»Hör mit deinen Dummheiten auf! Komm da raus und lass uns gehen!« Maman wird ungeduldig. Ohne weiter zu zögern, greift sie meinen Arm und zieht. Aber es ist mir unmöglich aufzustehen. Es liegt nicht an meinem Gewicht, es ist mein Kopf. Er scheint wie von Zauberhand größer geworden zu sein und steckt zwischen den Stäben des Geländers fest.

Es brauchte Zeit und viel Geduld. Maman, zu Tode besorgt, hat den Nachbarn gerufen, der die Concierge gerufen hat, die wiederum den Eisenwarenhändler verständigte. Ein paar Stunden, Schreie und Liebkosungen später war ich in der Schule, ohne dass es diesmal nötig gewesen war, mich am Arm zu ziehen.

*

Mit zweieinhalb Jahren kam ich in den Kindergarten von Cendriers, im Jahre 1936. Damals meldete man die Kinder dort an, sobald sie keine Windeln mehr brauchten. Zu meinem großen Bedauern war das bei mir schon recht früh der Fall. Dennoch, trotz meines Theaters, haben meine Eltern niemals nachgegeben, und ich habe keinen einzigen Schultag verpasst. Für sie gab es nichts Wichtigeres als den Kindergarten.

Wir lebten in einer Zweizimmerwohnung in der Rue Duris. Unsere Wohnung war spärlich möbliert, aber wir fühlten uns dort wohl. Ich schlief mit meiner Schwester in einem Zimmer, wir wärmten uns gegenseitig, meine Mutter kochte duftende Mahlzeiten, und mein Vater deckte uns abends zu. Wir waren zusammen, und das genügte uns.

Ich liebte meine Eltern innig. Ich liebte es, dass sie mit mir Jiddisch sprachen, dass sie mir Lieder aus Warschau vorsangen, dass sie mich von morgens bis abends mit ihrer Zärtlichkeit umfingen. Jeden Abend, wenn mein Vater von der Arbeit nach Hause kam, rief meine Mutter: »Er ist da!« Ich rannte sofort zum Fenster, und sobald ich seine kantige Silhouette im Hof erblickte, stürmte ich die Treppe hinunter, um mich ihm in die Arme zu werfen.

Wenn ich an diese Wohnung zurückdenke, ist das noch immer mein Zuhause. Ein Haus, verloren in den Tiefen der Erinnerung, wie eine kleine Schachtel, die man ganz hinten im Schrank wiederfindet und deren Inhalt noch unberührt ist.

Unsere ganze Familiengeschichte bestand aus Liebe und Erzählungen davon. Maman hieß Chana. Sie kam aus einer kinderreichen Warschauer Familie, und Anfang der 1920er-Jahre verschlug es sie nach Frankreich. Eigentlich war sie nur auf der Durchreise. Ihre Eltern waren aus Polen nach New York geflohen, meine Mutter und ihre Schwester sollten nachkommen. Aber meine Tante Ruchka lernte meinen Onkel kennen. Und Chana lernte Abram kennen, meinen Vater. Sie sind der Liebe wegen in Paris geblieben, und wir sind aus dieser Liebe entsprungen.

Als kleines Mädchen wusste ich nur, dass sie jüdisch waren und dass man das in Polen, dem Land, aus dem sie kamen, besser nicht war. Erst viel später sollte ich erfahren, dass meine Eltern bereits Unvorstellbares durchgestanden hatten, um überhaupt bis hierher zu kommen.

Im Jahr 1917, er war gerade einmal 16 Jahre alt, arbeitete mein Vater als Getränkeverkäufer. Er zog mit einem Wagen durch Warschau, auf dem er für ein paar Münzen Limonade und Bier transportierte. Eines Tages wurde er von der polnischen Armee abgeholt, ohne dass er oder seine Familie gewarnt oder davon in Kenntnis gesetzt worden waren. Er wurde gezwungen, seine Karre mit all seinen Sachen auf der Straße stehen zu lassen und unverzüglich den Soldaten zu folgen. Monatelang wussten meine Großeltern weder, wo er sich befand, noch ob er überhaupt noch lebte.
Während dieser Zeit litt mein Vater Höllenqualen. Man hatte ihn an die eisigsten Fronten verfrachtet, mit kaum Kleidung, um sich warmzuhalten. Eines Tages entschloss er sich zu fliehen. Er kroch nächtelang durch Wald, Wiesen und Schnee. Als er schließlich nach Hause kam, so erzählte man mir, mussten seine Stiefel mit Rasierklingen aufgeschnitten werden; seine Beine waren eine einzige Wunde und seine Haut löste sich ab.

Im Jahr 1939 wusste ich von all dem nichts. In meinem eigenen kleinen Königreich in Ménilmontant gab es keinen Raum für Traurigkeit.

*

Es sind Sommerferien. Wir stehen alle im Kreis um Manu, den Sohn eines spanischen Republikaners. Er hält eine mit Milch gefüllte Blechkanne in der Hand. Dann gibt er uns zu verstehen, dass wir uns ein Stück entfernen sollen, um plötzlich mit seinen Armen in großen Kreisen zu schwingen. Es ist magisch: Er verschüttet keine Milch.

Vor unseren verblüfften Blicken fordert er jeden von uns auf, es ihm nachzumachen. Alle schaffen es mühelos, und als ich an der Reihe bin, ist die Kanne noch voll. Ich trete in die Mitte des Kreises, konzentriere mich und hebe mit Schwung den Arm. Noch ehe ich aufschreien kann, leert sich die Kanne über mir aus und durchnässt alle meine Kleider.

Ich erinnere mich an das große Gelächter, das auf meine Ungeschicklichkeit folgte. Das von Madeleine, Fanny und auch von Léa, der Nachbarin, und von jedem der Kinder, mit denen ich immer spielte. Und wenn ich von dieser Erinnerung erzähle, lächele ich so, als stünden sie alle noch um mich herum.

Es ist meine Schwester, die mich danach mit klitschnassem Kleid in unsere Wohnung in der Rue Duris zurückbringt. Ich sehe mich schweren Herzens und noch schwereren Beinen die Treppen hochsteigen, darauf gefasst, Ärger zu bekommen. Langsam öffne ich die Wohnungstür. Meine Mutter ist in der Küche, ich höre ihre Stimme. Dann bleibe

ich stehen. Fremde sitzen mit meinem Vater um den Tisch.
Sie sprechen Jiddisch.

»Mädchen, seid ihr's?«, fragt meine Mutter.
»Ja.«
»Kommt mal zu mir.
Sie bemerkt weder die Milch auf meinen Schuhen noch meinen schuldhaften Gesichtsausdruck, sondern sagt nur:
»Freunde aus Warschau sind bei uns zu Besuch. Sie werden
mit uns zu Abend essen. Seid artig und bleibt im Zimmer,
bis ich euch rufe.«
Manchmal kam es vor, dass Maman sich ärgerte oder mich
bestrafte. Dieses Mal hätte sie wirklich etwas bemerken
müssen. Aber sie und mein Vater hatten weit schwerwiegen-
dere Sorgen als einen Milchfleck.

2

Kinder leben in ihrer eigenen Welt. Sie erstreckt sich über
Räume, die lange Zeit so weitläufig erscheinen wie ganze
Städte. Und wenn man dann erwachsen wird, begreift man,
dass es sich in Wahrheit nur um vier oder fünf Straßen, ein
Dutzend Orte rund um die Schule gehandelt hat. Meine
Kindheit erstreckt sich über mehrere solcher Räume. Und
es war notwendig, das kleine Mädchen aus der Bellevilloise
wiederzufinden, um in die Welt meiner frühesten Kindheits-
jahre zurückzukehren. Die für mich zweifellos vertrautesten,
weil es die glücklichsten Jahre waren.

All meine Erinnerungen waren darin geborgen wie in einer
Schneekugel, in der man immer wieder durch das Glas den
Schnee fallen sehen kann. Gemeinsam haben wir die Orte,
Straßen und Wege meiner Kindheit rund um die Rue Duris
aufgesucht und dort die Topographie meiner Vergangenheit
wiedergefunden.

Da ist zunächst unsere Wohnung. Dann die meiner Großeltern, ein großes Zimmer in der Rue de Tlemcen, im fünf-
ten Stock. Und auch die Rue des Cendriers, einige Cafés und
das Waschhaus. Unter der Woche, wenn wir wertvolle Zeit
mit meiner Mutter verbringen durften, waren wir häufig
gemeinsam dort.

Ich schließe die Augen und sehe mich als kleines Mädchen
an eine der Waschwannen gelehnt, die Beine im Schneider-
sitz, mein Kleid fällt über meine Knie. Ich höre den gedämpf-

ten Lärm der Bürstenschläge, die Stimmen der Frauen in unterschiedlichen Sprachen – Französisch, Jiddisch, Spanisch. Auch ihr vom Wasserdampf verschlucktes Lachen.

Ich drehe den Kopf und sehe Maman, ihr Gesicht verdeckt von weißem Dunst. Sie schaut mich mit ihren hellen Augen an. Die braunen Haare fallen ihr in den Nacken und der Rock betont ihre schmalen Hüften.

Nicht selten verließen wir das Waschhaus erst bei Sonnenuntergang. Wir hörten, wie Eltern ihre Kinder zum Abendessen riefen. Wir trafen auf Männer, die von der Arbeit zurückkehrten, ihre Jacken lässig über den Arm geworfen, manche mit Jutesäcken voller Kohle auf den Schultern.

In der Abenddämmerung wurde es umtriebig in Ménilmontant, wie in der Oper, wenn in der Pause eilig das Bühnenbild gewechselt wird. Dann wurde es mit einem Mal ruhig, und die Nacht fiel ein.

*

Auf der Karte meiner Kindheit gibt es auch das Café in der Rue de Belleville, in das mein Vater meine Schwester und mich jeden Sonntagmorgen mitnahm. Ich erinnere mich an die große sonnenbeschienene Terrasse und den Duft des Kaffees, der die Straße erfüllte. Wir verließen die Wohnung, sausten die Treppe hinunter und griffen jede nach der Hand meines Vaters. Louise auf der einen, ich auf der anderen Seite. Vor dem Krieg arbeitete Papa als Schreiner in einer Möbelfabrik im Viertel Faubourg Saint-Antoine im zwölften Arrondissement. Er hatte kräftige Arme und die rauen Hände eines Handwerkers.

Auf dem durch die hohen Bäume beschatteten Weg begegneten wir fast niemandem. Um diese Uhrzeit, am Sonntagmorgen, hatten die meisten Kinder des Viertels die Straße verlassen, um in die Kirche zu gehen, wo die Messe gehalten wurde. Wir aber hüpften die Straße entlang, bis auf der rechten Seite die großen roten Buchstaben C.O.C.O.R.I.C.O. über den zwei Glastüren zu erkennen waren. Ein geheimnisvolles Gebäude, wie man es nur hier in dieser Gegend zu sehen bekam.

Während im ersten Stock Plakate klebten, öffnete sich im zweiten Stock ein riesiges Bullauge zum Boulevard hin.

Zu jener Zeit waren Ménilmontant und Belleville Vergnügungsviertel. Man ging dort hin, um Musik zu hören, schaute sich dort Filme an oder setzte sich auf eine der Terrassen. Draußen war immer etwas los.

Die Menschen, die in Ménilmontant und Belleville lebten, übten bescheidene Berufe aus. Am besten liefen alle Arten von Unterhaltungskunst. Für diese musste man dort keine übertriebenen Summen an einem Nachmittag ausgeben, man konnte Frauen zum Amüsement ausführen, ohne sich zu übernehmen, oder sich für wenig Geld Schuhe zu kaufen. Aber ich war zu jung dafür. Und heute ist das alles verschwunden. Vom Cocorico und dem Ménil Palace, von den Pariser Kinematographen wie das Belleville-Pathé oder den vielen anderen Sälen, die das Viertel schmückten, ist heute nichts mehr geblieben. Die Zeit hat sie mit sich fortgerissen.

An diesem Sonntagmorgen, im Sommer 1939, steht keiner vor den Kinosälen an. Aber in dem Café, in das uns unser Vater führt, an der Ecke des Boulevards und der Rue de Belleville, sind seine Freunde auf der Terrasse. Meine Schwester und ich setzen uns neben Papa an den Tisch. Wir bestellen, und dann zeigt meine Schwester mit dem Finger auf etwas an der Mauer. »Schau mal, Rachel. Ich bin sicher, dass du das lesen kannst!« Ich drehe den Kopf und sehe ein Plakat. Louise hat mir in diesem Jahr das Alphabet beigebracht, hat mich Buchstaben aufsagen lassen und mich die ersten Wörter lesen gelehrt. Um ihr eine Freude zu bereiten, entschlüssele ich die Großbuchstaben oben auf der Reklame mit lauter Stimme:

»MO-BI-LI-SA-TION GÉ-NÉ-RALE!«, Generalmobilmachung!

Die ausgesprochenen Silben sollten erst viel später einen Sinn für mich ergeben. Damals auf der Terrasse war ich einfach nur stolz; die beiden Wörter waren wie eine weitere Verbindung zwischen Louise und mir.

Meine Schwester ist 1929 geboren. In diesem Jahr war sie zehn Jahre alt, aber schon fast so groß wie eine Jugendliche. Auf den Fotos, die ich aus dieser Zeit wiedergefunden habe, sind wir oft Seite an Seite zu sehen. Ich das kleine, mit einem lachenden Auge ins Objektiv starrende Mädchen, sie größer und mit einem festen Blick.

Wir waren verschieden, aber das brachte uns einander näher. Manchmal, auch weil sie die Ältere war, spielte sie sich als die Große auf und belehrte mich. Aber selbst daraus machten wir uns einen Spaß.

So gab es vor dem Krieg Augenblicke, die jedes Elternteil einzeln mit uns verbrachte, und solche, die wir zu viert miteinander erlebten; vor allem am Abend. Meine Mutter kochte polnische Gerichte, und wir unterhielten uns während des Essens. Zum Schluss kam die Zeit der Lieder. Ich erinnere mich noch an die Stimme meines Vaters. Er sang kräftig und schön.

Es war während eines dieser Abendessen gegen Ende des Sommers 1939, als unsere Eltern uns Folgendes erklärten: Jenseits Ménilmontants, jenseits der Grenzen meines Königreichs, hatten Feindseligkeiten begonnen. Am 1. September war Hitler in Polen einmarschiert. Zwei Tage später erklärten Frankreich und Großbritannien Deutschland den Krieg. »Mobilisation générale« bedeutete Generalmobilmachung, was hieß, dass die Männer in die Armee eingezogen wurden. Unsere Eltern eröffneten uns, dass auch mein Vater uns bald verlassen würde. Wie auch die anderen seiner jüdisch-polnischen Kameraden, die allesamt sehr engagiert für Frankreich waren, hatte er sich freiwillig gemeldet. Aber ich war nicht besorgt. Alles würde gut werden, er würde bald zurück sein, alles würde wieder in Ordnung kommen. Natürlich redeten wir uns das ein, um uns zu beruhigen, aber es half, und die Lieder übernahmen den Rest.

Es muss einige Tage später gewesen sein. Die Hitze ist drückend. Eine dichte Menschenmenge drängt sich vor dem Bahnhof. Wir haben unsere schönsten Kleider angezogen. Meine Mutter trägt ein Kleid, das bis zu den Waden reicht, und Schuhe mit Absätzen. Ihre Haare sind von einem violetten Hut bedeckt.
Um uns herum vergießen die auseinandergerissenen Familien Tränen über die bevorstehende Trennung. Unter den Augen der Journalisten und den Blitzen der Fotografen, die diesen Augenblick festhalten, nehmen wir uns alle vier ein letztes Mal in die Arme.

Ich bin klein. Ich reiche meinem Vater kaum bis zur Hüfte. Um sich von mir zu verabschieden, kniet er sich vor mich. Ich umklammere ihn, als wolle ich ihn bei mir behalten, dann geht er mit einem breiten Lächeln auf seinen Lippen davon.

In Frankreich angekommen, hatten Abram und Chana Psankiewicz die französische Staatsbürgerschaft beantragt. Im September 1939 waren die Formalitäten noch nicht erfolgreich abgeschlossen. Mein Vater wurde daher dem 21. Marschbataillon der Fremdenlegion zugewiesen.

3

An manchen Sommerabenden am Mittelmeer, wenn die Hitze des Tages abnimmt und die Luft und das Meer beinahe die gleiche Temperatur haben, taucht man fast ohne es zu bemerken ins Wasser ein. So, als hätten sich die Elemente abgesprochen, um dem Körper einen zutiefst vertrauten Moment zu schenken. Das Meer wird zur Heimat.

Oft werde ich gefragt, wie ich all das, was ich durchgemacht habe, überleben konnte. Wie man sich als Kind vom Unsagbaren erholen kann. Natürlich kann man das, ich hatte keine andere Wahl. Da ich am Leben war, dieses Glück hatte, das so vielen anderen nicht zuteilwurde, musste ich weitermachen. Aber in Wirklichkeit ist es etwas anderes.
Unsere Wohnung in der Rue Duris oder die Rue de Tlemcen und die Schule, waren für mich wie ein Eintauchen in das weiche Wasser des Mittelmeers. Ich fühlte mich überall wohl; wurde von allen behütet. Da waren an erster Stelle meine Eltern, meine Schwester, meine Großeltern und meine Onkel und Tanten, all jene, die in Paris lebten. Aber es gab auch all die anderen; die Erwachsenen des Viertels, die die Kinder mochten; Ménilmontant war mein Zuhause.
Diese tiefe und vielfältige Liebe hat mich gerettet. Ich habe den Horror mit der Zuversicht durchgestanden, dass es am Ende von allem wieder Schönes und Vertrautes geben würde. Daran habe ich fest geglaubt, bis ich es selbst erreicht habe. Bis auch ich mir mein eigenes Zuhause geschaffen habe.

Also habe ich neue Wege eingeschlagen, meine eigene Karte entworfen. Und immer habe ich es für die Kinder getan, zunächst für meine eigenen, aber auch für all die anderen.

*

Als Papa im September 1939 in den Krieg zog, herrschte »drôle de guerre«, ein Sitzkrieg; es gab keine Kampfhandlungen. Wir empfanden keine Angst. Das Einzige, was uns umtrieb, war die Sehnsucht. Und so, auch wenn sie Tag und Nacht am Radio hingen, verdoppelten die Erwachsenen von Ménilmontant ihr Bemühen, die Abwesenheit der Väter für uns zu kompensieren.

Oft nahm mich Maman nach der Schule zum Lebensmittelladen mit, wo die Inhaber mit mir sprachen und mir Bonbons schenkten. Ich erinnere mich auch an unsere Lehrerinnen in der Schule, die Wälle der Zärtlichkeit um uns errichteten.

Es ist etwas später im Jahr 1939. Die Unterrichtsstunde hat gerade begonnen, als eine Sirene losheult. Mein Federhalter macht einen Ruck und zieht einen großen Strich über mein Heft. Wir rennen aus der Schule.

Um uns herum ist das ganze Viertel in Aufruhr. Aus allen Ecken eilen Bewohner in alle Himmelsrichtungen, ohne zu wissen, wohin. Wir rennen der Lehrerin in Richtung der Rue Houdart hinterher, die leerer ist als in einer Winternacht. Wir erreichen die Metrostation Père Lachaise, springen die endlosen Stufen zwei auf einmal nehmend hinunter und stürmen auf die Bahnsteige.

Unten angekommen, versagen sofort unsere Nerven. Überall um uns herum alte Menschen in Panik, Frauen halten weinende Kleinkinder, Kinder pressen sich aneinander. Fanny, meine Schulfreundin, bricht in Tränen aus. Bei mir dauert es auch nicht lange, bis ich es ihr nachtue, die anderen folgen.

An diesem Tag haben die Lehrerinnen alles gegeben, um uns mit ihren mütterlichen Instinkten zu beruhigen. Sie sprachen mit uns, nahmen uns tröstend in die Arme, hörten uns zu.
Dieser erste Bombenalarm war der für uns schlimmste. Während der folgenden waren wir ruhiger. Wir begannen auf den Bahnsteigen und in den Hauskellern zu spielen. Als man dann später Gasmasken verteilte, ließ man uns in der Vorstellung, wir würden Elefantenkostüme tragen. Oder erzählte uns, die Sperrballone, die uns vor deutschen Luftangriffen schützten, seien Würstchen, die am Himmel vorbeiziehen.

*

In diesem ersten Kriegsjahr hielten die Erwachsenen alles von uns fern. Es stürmte und der Wind pfiff durch die Dachziegel, es regnete in Strömen, aber das Haus unserer Kindheit hielt dem stand. Auch als wir es an einen anderen Ort verlegen mussten.

An jenem Tag im Juni 1940 zieht mich meine Mutter blitzschnell in die Wohnung. In Koffern und Bündeln sind unsere Kleider und Fotografien zusammengepackt und alles andere, von dem sie sich nicht trennen will. Die Sorge lähmt mich, während mir Louise hastig eine Tasche in die Hand drückt: »Bring sie runter, Rachel. Wir treffen uns unten.«

Als ich die Eingangstür öffne, sehe ich den großen blauen Lastwagen von meinem Onkel Lenczner, den er zum Einsammeln der Kleider benutzt, die er auf den Märkten verkauft. Maman kommt mit vollgepackten Armen hinter mir hergerannt. Meine Tante taucht wie aus dem Nichts auf und öffnet die hinteren Türen des Fahrzeugs.

Sie stopft unsere Sachen hinein und fordert mich auf, mich mit meinen Cousinen und deren kleinem Bruder auf die Rückbank zu setzen.

Die Deutschen hatten den Sitzkrieg, die »drôle de guerre«, in einen Blitzkrieg verwandelt. Sie hatten die Niederlande, Belgien und auch den Norden Frankreichs überfallen, dort wo mein Vater stationiert war.

Wir Kinder verstanden gar nichts. Vor ein paar Stunden war es noch ein Tag wie jeder andere gewesen. Ein Freitag, der wunderbar hätte sein können. Aber plötzlich war unser einziges Zuhause der blaue Lastwagen von Onkel Lenczner, vollgepackt mit Kleidern und Gegenständen, die uns an das Leben davor erinnerten, und wir hatten noch Glück. Manche Männer zogen ihre mit Kleidern und anderen Sachen beladenen Karren mit Seilen um die Schultern. Frauen schoben eilig ihre Kinderwagen. Andere flohen auf dem Fahrrad.

Auf unserer Rückbank saßen wir zusammengequetscht mit dem Kinn auf den Knien. Während der ersten Kilometer war es unmöglich zu sprechen. Wir wagten es nicht einmal, uns anzuschauen, vor Angst, im Blick des anderen den Schrecken zu entdecken, den wir mit Mühe zu unterdrücken versuchten.

Vorne saßen völlig außer sich meine Mutter und meine Tante, während mein Onkel alles gab, um den Laster aus Paris zu fahren. Panik war in der Stadt ausgebrochen, wie Schlangengift, das sich in Windeseile in den Venen ausbreitet. Aus dem Fenster sah man Menschenmassen rennen, Autos hupen, Familien, die mit Koffern in den Händen zu fliehen versuchten.

Außerhalb von Paris, auf den Straßen in Richtung Süden, in entgegengesetzter Richtung zum deutschen Einmarsch, war es noch schlimmer. Die fliehende Menschenmenge war um die Bewohner der Vororte und kleinen Städte angewachsen.

Doch es dauerte nur zwei Reisetage, bis uns unsere Kindheit wieder einholte. Meine Cousine Marie mit ihrem Pagenkopf und kurzem Pony hatte das gleiche Temperament wie ich. Die Flucht wurde zum Abenteuer und der Lastwagen zu unserem neuen Zuhause. Jeden Abend hielten wir an Orten, wo man Wasser bekommen konnte. Mein Onkel ruhte sich aus, um am nächsten Tag weiterzufahren, während meine Mutter und meine Tante kleine Spirituskocher auf einer Wiese anzündeten und uns Nudeln oder Reis kochten.

Unsere Tage folgten einer neuen Partitur, nach der wir noch lange hätten spielen können. Solange wir zusammen waren, Eltern und Kinder, war es schön und warm. Bis zu jenem Abend.

Der Lastwagen ist an einem Waldrand geparkt. Es ist noch nicht dunkel, aber mein Onkel schläft schon auf den Matratzen, die wir hinten ausgelegt haben. Meine Mutter bittet Marie und mich, Wasser am Ende des Feldes, das sich hinter uns erstreckt, zu holen. Vergnügt nehmen wir die leere Kanne und laufen los. Wir beschließen, ein Wettrennen bis zur Quelle zu machen. Ich renne, so schnell ich kann, aber Marie gewinnt haushoch und empfängt mich, indem sie mich mit Wasser bespritzt.

Auf dem Rückweg lässt uns ein entferntes Geräusch innehalten. Wir drehen uns ruckartig um und sehen zwei Kampfflugzeuge im Himmel. Erstarrt schauen wir zu ihnen hoch, bis deren Schatten immer bedrohlicher näherkommen. »Die jagen uns!«, kreischt Marie.

Mir blieb vor Schreck das Herz stehen. »Lauf, Rachel! Lauf endlich los!« Meine Cousine greift nach meiner Hand, und wir rennen zum blauen Lastwagen. Die Geräusche nähern sich. Die Flugzeuge sind hinter uns her. Ich höre nichts mehr außer dem ohrenbetäubenden Lärm der Motoren und dem Pochen meines Bluts in den Schläfen. Ich drehe mich um, um sicherzugehen, dass wir es schaffen, dass wir einen Vorsprung haben, aber das hätte ich nicht tun sollen. Die Piloten sind so nah, dass ich den Lederhelm eines von ihnen sehen kann.

Neben dem Lastwagen erkenne ich eine wild gestikulierende Gestalt. Der Mann versucht, uns etwas mitzuteilen, uns und den vielen anderen, die um ihr Leben rennen. Ich versuche, ihm die Wörter von den Lippen zu lesen: »Legt euch hin!«, brüllt er. »Legt euch hin! Die Italiener knallen uns ab!«

Marie versteht als erste, was zu tun ist. Mit einer schnellen Bewegung stößt sie mich mit dem Gesicht voran zu Boden. Instinktiv verschränke ich die Hände über dem Kopf. Ohrenbetäubender Lärm lässt den Boden erschüttern. Eine

Maschinenpistole hat uns zum Ziel erkoren, und die Metall-
splitter der Maschinenpistolen wühlen den Boden auf.

Ein paar Sekunden später hören die Schüsse auf, wie durch
ein Wunder. Meine Augenlider sind noch fest zugedrückt.
Ich höre, wie sich das Geräusch der Flugzeugmotoren entfernt. Bald nehme ich nur noch das Pochen meines Herzens wahr und den Wind, der durch die Blätter der Bäume
streicht. Es ist vorbei.

Maries Hand bewegt sich in meiner. Zitternd stehe ich auf,
das Gesicht tränenüberströmt. Vor lauter Schluchzen kann
ich nicht sprechen. Etwas Unbeschreibliches, Tiefgründiges
regt sich in mir: Ich war mir so sicher gewesen, ich würde
sterben.
Ich sammele die Kanne ein, dann gehen wir zum blauen
Lastwagen. Die Tränen versiegen. Ich denke an nichts mehr.
Rechts von uns sehe ich zwei Männer in einer Blutlache liegen. Das hätten wir sein können.
Einen Augenblick später spüre ich etwas mein Bein hinun-
terlaufen. Ich schaue: Es ist Wasser. Und als wäre das, was
wir soeben erlebt hatten, bereits aus meinem Gedächtnis
verschwunden, frage ich Marie: »Mist! Die Kanne ist durch-
löchert. Meinst du, wir bekommen Ärger?«

Ein paar Tage darauf holte uns bei Angoulême die deutsche
Armee ein. Ich erinnere mich an Lastwagen voller gestiefel-
ter, behelmter und bis an die Zähne bewaffneter Soldaten.
Die Panzer und Kanonen waren so groß, dass die Straße er-
zitterte, und wir mit ihr. Von allen Seiten umzingelt, hatten wir keine Möglichkeit mehr, weiter zu kommen. Wir

mussten umkehren. Mein Onkel fuhr in entgegengesetzter Richtung zurück nach Paris. In weniger als einer Woche waren wir wieder in unserer Wohnung in der Rue Duris. Am 14. Juni marschierten die deutschen Truppen in die Hauptstadt ein.

4

Nach dem Krieg habe ich jahrelang geglaubt, dass die Dinge
anders hätten kommen können. Ich machte Berechnun-
gen, formulierte unterschiedlichste Hypothesen. Was wäre
geschehen, wenn ich dieses oder jenes gemacht hätte, wäre
dann alles ganz anders gekommen?
Mit zunehmendem Alter aber habe ich akzeptiert, dass der
Lauf der Geschichte stärker ist als mein persönliches Schicksal und schwerer wiegt als unser Zuhause in Ménilmontant,
auf das sich alles gestürzt hatte.

Als ich jünger war, habe ich bedauert, dass mein Vater nicht
zum Kriegsgefangenen wurde. Lange Zeit habe ich mir vor-
gestellt, dass, wäre das der Fall gewesen, ich ihn nach Kriegsende wiedergesehen hätte, dass er mich, wo auch immer ich
gewesen wäre, abgeholt hätte. Aber es kam anders.
Abram Psankiewicz wurde, nachdem er für das 21. Marschbataillon der Fremdenlegion gekämpft hatte, das während
der Ardennenschlacht große Verluste erlitt, und er viele seiner Kameraden hatte sterben sehen, aus dem Kriegsdienst
entlassen und kehrte nach Hause zurück.

Es ist ein Tag im September 1940, ein Jahr nach Kriegs-
beginn. Das Waffenstillstandsabkommen war gerade unterzeichnet worden. Frauen und Kinder erwarteten die Männer, die – wenn auch nicht alle – von der Front heimkehren
würden.

Ich bin draußen mit Fanny – sicher spielen wir Himmel und Hölle –, als mich Geschrei von der anderen Straßenseite beim Hüpfen innehalten lässt. Hinter uns, etwas entfernt, hat sich eine kleine Gruppe gebildet, die Freudenschreie ausstößt. Von Neugier gepackt, mischen wir uns unter die Erwachsenen. In der Mitte des Kreises erkenne ich ein paar Männer, die uns den Rücken zukehren. Zunächst will ich nicht daran glauben. Wenn er es nicht ist, wäre ich so enttäuscht, dass ich weinen müsste. Ich schaue aufmerksam hin ... ein Mann mit dunklen Haaren ... kantig ... die Hände ... Er dreht sich um. Die geliebten Züge nehmen sofort Gestalt an. Ja! Er ist es! Ich stürze mich auf ihn, um mich ihm in die Arme zu werfen.

»Meine kleine Rachel!«

Ich habe meine Eltern lange Zeit für außergewöhnliche Erwachsene gehalten. In meinen Augen waren sie Helden; schöner und stärker als alle. An diesem Tag hat sich das Gefühl bestätigt, und ich liebte sie noch mehr.

In unserem Zuhause kehrte schnell wieder Wärme ein. Mein Vater, der wieder eine Arbeit aufnahm, sang uns jeden Abend vor, bis wir einschliefen. Meine Mutter hörte sich weiterhin unsere Sorgen an, als drehte sich alles nur darum.

Unser Zuhause hielt den immer stärker aufkommenden Stürmen stand. Zunächst, am 4. Oktober 1940, ein paar Tage vor meiner Einschulung, verlangte die Regierung von den Juden, dass sie sich bei den Polizeirevieren meldeten; was meine Eltern und ihre Freunde machten, um nicht gegen das Gesetz zu verstoßen.

Im selben Monat richtete die Regierung das Versorgungsministerium ein, um die Einkäufe der Familien zu kontrollieren. Von da an mussten wir uns, um einkaufen und uns einkleiden zu können, jeden Monat im Rathaus einfinden, um Bezugsscheine abzuholen. Jeder wurde einer Kategorie zugeteilt und hatte das Anrecht auf eine bestimmte Menge an Brot, Fleisch, Margarine, Milch und andere Lebensmittel.

Meine Schwester und ich nahmen das alles mit einer Gelassenheit hin, wie sie nur Kinder in einer solchen Situation aufbringen können. Wenn man weniger essen musste, taten wir es, ohne zu murren. Wenn wir die Karten vor dem Einkaufen abholen mussten, gehorchten wir ohne Scherereien zu machen. Solange sich alles, was kam, in den Alltag einfügen ließ, ging das Leben so weiter, wie es immer weitergegangen war.

*

Es wird manchmal gesagt, dass es nichts bringt, gegen eine Phobie anzukämpfen. Dass, wenn man es zum Beispiel schafft, seine Phobie vor Spinnen zu überwinden, eine neue Phobie an anderer Stelle auftaucht. Ein bisschen so wie das Maulwurfspiel: Man kann noch so fest auf den Hügel schlagen, aus dem gerade noch das Tier aufgetaucht ist, es wird immer entkommen.
Obwohl meine Schwester und ich auch jetzt wieder versuchten, alles vertraut wirken zu lassen, war es vergebens. Unsere Sorge bezog sich auf andere Dinge, auf die unbedeutendsten Oberflächlichkeiten unserer Existenz.

Es ist Oktober 1940. Alle Mädchen tragen ihre schönsten Kleider unter der von der Grundschule der Rue de Tlemcen vorgeschriebenen Schürze. Heute ist Einschulung. Durch ordentlich gekämmte Haare und frisierte Ponys lugen neugierige Blicke hervor.

In diesen Schulräumen sind alle Kinder meiner Familie großgeworden. Meine Cousins Maurice und Paul Psankiewicz, die in der Rue des Amandiers wohnten, meine Cousinen Fanny, Régine und Marie Lenczner, auch meine Schwester und viele andere.

An diesem Morgen begleitet mich Louise, und an meinem ersten Schultag sind wir sogar zu früh. Eine große Frau um die vierzig tritt ein, sie trägt eine langen, mit Blumen bestickten Schal auf ihren Schultern. Sie stellt sich mit einem strahlenden Lächeln in die Mitte der neuen Schüler und bittet um Ruhe. Es ist Mademoiselle Fiancette, die Schulleiterin.

Danach bringt uns unsere Lehrerin ins Klassenzimmer, in dem Zweiertische aus gewachstem Holz ordentlich aufgestellt sind. »Am heutigen Vormittag werden wir euer Wissen testen.« Aus meinem Schulranzen hole ich ein neues Heft, das ich gewissenhaft auf mein Pult lege.

»Ich bitte euch, das Alphabet aufzuschreiben sowie einige Wörter, die ich euch diktiere.« Für die meisten von uns ist diese Aufgabe schwierig, wenn nicht sogar unmöglich. Nicht alle hatten das Glück, Privatstunden von Louise Psankiewicz bekommen zu dürfen. Ich schon. Während manche es kaum schaffen, den Buchstaben A zwischen die zwei Linien auf ihrem Papier zu zeichnen, führe ich die Aufgabe brav aus, die Zunge zwischen den Lippen, um mich besser konzentrieren zu können.

Der Vormittag neigt sich dem Ende zu. Durch die Fenster scheint die Mittagssonne auf unsere Tische. Wir haben die Übung beendet, und bald ist es Zeit fürs Mittagessen. Als die Klingel schellt, packe ich meine Sachen zusammen und reihe mich unter die Schüler ein, die das Klassenzimmer verlassen.

»Rachel, kommst du kurz zu mir?« Die Stimme der Lehrerin ist sanft, aber ich erstarre. Was habe ich falsch gemacht? Habe ich mich bei den Buchstaben geirrt? Habe ich welche verwechselt? Ich gehe zu ihr hin: »Oui?«

»Rachel, es tut mir leid, aber du kannst heute Nachmittag nicht wiederkommen.«

Bei diesen Worten verschwimmt alles vor meinen Augen. Ich nehme nicht einmal das Ende des Satzes wahr. Mein Herz zieht sich zusammen. Ich habe Bauchschmerzen. Ich möchte nach Hause rennen. Als sie aufhört zu sprechen, traue ich mich nichts zu fragen. Ich nicke nur zu allem, was sie mir erklärt, und mache mich so schnell ich kann davon.

Wie soll ich das Maman sagen? Und Louise? Und wenn ich eine Dummheit gemacht habe, ohne es zu bemerken? Auf dem Rückweg packt mich die Angst. Dicke Tränen kullern über meine Wangen und formen sich zu einem Sturzbach.

Damals aß man nicht in der Schulkantine zu Mittag. Meistens kehrte ich nach Hause zurück. Aber manchmal kam es auch vor, dass ich zu meinen Großeltern oder meiner Tante ging. An jenem Tag erwarteten mich meine Schwester und meine Mutter in der Rue Duris.

Schweren Herzens betrete ich die Wohnung, die Wangen noch tränenüberströmt. Maman stürzt sich auf mich, um mich zu umarmen und zu trösten. »Was ist los mein Schatz?« Ich habe Mühe, die richtigen Worte zu finden.

Wir setzen uns an den Tisch. Meine Atmung wird ruhiger, und ich erzähle ihnen meine Version der Geschehnisse: Die Lehrerin hat mir förmlich verboten, wieder einen Fuß ins Klassenzimmer zu setzen.

Ich erinnere mich noch genau an jenen Tag und die Empfindung, die ich verspürte: Ich kam mir wie das Opfer einer tiefen Ungerechtigkeit vor, wie von einem Fluch getroffen, und nichts und niemand konnte mich wieder beruhigen.

Für meine Mutter und meine Schwester handelt es sich hingegen um ein Missverständnis. Am Ende des Mittagessens vereinbaren wir, dass Louise mich begleitet, um herauszufinden, worum es sich dreht.

Wir erreichen die Schule. Louise bittet darum, die Lehrerin zu sprechen, die uns mit einem großen Lächeln empfängt.

»Ja, Louise. Was gibt's?«

»Rachel hat uns gesagt, dass sie nicht mehr zum Unterricht kommen dürfe ...«

»Genau, wir haben sie gebeten, erst morgen wiederzukommen. Mit den Schülern der zweiten Klasse. Sie kann schon lesen und schreiben: Sie wird sich langweilen, wenn sie hierbleibt.«

Für einen Augenblick kam ich mir völlig lächerlich vor. Dann war wieder alles gut. Am nächsten Tag kam ich direkt in die zweite Klasse. Ich lernte eine neue Lehrerin kennen, Madame Delarue, und mochte sie sofort.

5

»Papa« heißt auf Jiddisch »Tate«. Aber meinen nannte ich »Papa«. Erst Jahre später, als ich versuchte, seine Spuren zu finden, nannte ich ihn bei seinem Vornamen.

Im Alten Testament ist Abraham auch »der Vater«. Der aller Gläubigen. Der, den Gott vor die größte aller Prüfungen stellt, um seinen Glauben zu prüfen: die Opferung des eigenen Sohnes.

Mein Vater war nicht gläubig. Meine Mutter übrigens auch nicht. Sie haben mit mir nie über Gott oder die göttliche Kraft gesprochen. Ich habe weder Auszüge aus der Tora gelesen noch die Glaubensvorschriften gekannt oder ausschließlich koschere Lebensmittel zu mir genommen. Die einzige Verbindung, die ich zum Judentum hatte, war die Geschichte, die Sprache, da Jiddisch die Sprache war, die Juden in Osteuropa sprachen, und die Kultur – also das Essen, die Musik, die Gesänge und natürlich der Humor.

Die einzigen Dinge, an die mein Vater glaubte, waren die Liebe und die Politik. Und wie Abraham in den Heiligen Schriften konnte ihn nichts dazu bringen, seine Meinung zu ändern. Nicht einmal dieser Brief.

Wir sind im Mai 1941. Die Stimmung zu Hause ist angespannter, nachdem ein kleiner grüner Zettel mit folgender Aufforderung eingetroffen ist: »Sie werden gebeten, zur Überprüfung Ihres Status zu erscheinen.« Maman versucht vergebens, meinen Vater davon abzubringen, dieser Vorladung Folge zu leisten. »Das ist eine Falle«, sagt sie. »Geh nicht hin, du wirst nicht wieder zurückkommen!«

Papa sieht das anders. Er glaubt, das sei lediglich eine administrative Formsache. Warum sollte man ihn festnehmen? »Ich verhalte mich ganz legal«, stellt er fest. »Ich habe eine Lohnabrechnung. Mir kann nichts passieren«.

Ich erinnere mich an seine Gewissheit. Ich erinnere mich an seinen Glauben. Er dachte, dass ihm in Frankreich nichts Schlimmes zustoßen könnte. Er dachte, es sei seine Heimat.

So beschloss er, trotz der Bitten meiner Mutter, trotz ihrer Drohungen, trotz allem, was sie in Polen gemeinsam durchgemacht hatten, zusammen mit einem Freund dorthin zu gehen.

Es ist der 14. Mai 1941. Morgendämmerung. Die Sonne schimmert durch die Fensterläden. Es ist noch zu früh für meine Schwester und mich, um wach zu sein. Mein Vater steht in der Tür. Ich richte mich in meinem Bettchen auf, damit er mir die Stirn küsst. Er beugt sich auch über das Gesicht meiner Schwester.

Bevor er uns wieder einschlafen lässt, flüstert er: »Bis heute Abend.« Drei geflüsterte Wörter, die ich nie vergessen habe. Er schließt die Tür und verschwindet.

An diesem Tag kehrte mein Vater nicht zurück. Maman ging in der Wohnung auf und ab. Am Abend dann kam der Freund meines Vaters, der ihn begleitet hatte, bei uns vorbei. Er sollte ein paar Kleidungsstücke abholen und zu ihm bringen.

An jenem Tag hatte die französische Regierung geplant, 7000 Juden, die noch nicht eingebürgert waren, festzunehmen. Am Ende waren es knapp 4000, die sich freiwillig gemeldet hatten. Die Gefangenen wurden in zwei Lager in Loiret geschickt: das Lager von Beaune-la-Rolande und das Lager von Pithiviers.

*

Ich erinnere mich nicht mehr, ob sich meine Eltern Briefe geschrieben haben. Jedenfalls habe ich keine gefunden. Nach dem Krieg war die Wohnung, in der wir gelebt hatten, wie die aller Deportierten, komplett leergeräumt. Ich habe auch vergessen, wie meine Mutter reagiert hat. Was wir in jenem Sommer zwischen meinem ersten und zweiten Jahr in der Grundschule gemacht haben. Ob die Eltern meines Vaters aus der Rue de Tlemcen weinten, als sie vom Abtransport ihres Sohnes erfuhren.
Aus dieser Zeit brodelt in mir lediglich eine große, unendliche Wut, die den ganzen Rest einfach weggewischt hat.
Ich nahm es Deutschland übel, ich nahm es Maréchal Pétain übel; meine geballten Fäuste kommen mir wieder vor Augen.

Es ist einige Tage nach Schulbeginn im Oktober 1941, glaube ich. Zu diesem Anlass bat man uns, marineblaue Röcke und ein weißes Oberteil zu tragen. Meine Mutter, die uns nun allein ernähren musste, hatte nicht die Mittel, um uns diese Kleidungsstücke zu kaufen. Hat man mir eins geliehen? Mademoiselle Fiancette dirigiert uns mit strengem Ton in Richtung des Square Séverine, einem kleinen Park im zwanzigsten Arrondissement. Da standen wir nun in Viererreihen auf Treppenstufen, ich in der zweiten von unten. Die Lehrerin lässt uns die erste Note zum Einstimmen singen. »Ma...!« Dann hebt sie die Hände in die Höhe, damit wir mit dem Lied beginnen, das wir seit einer Woche üben.

Um mich herum sind die Schüler bereit, während ich meinen Mund schön geschlossen halte, meine Lippen fest zusammenpresse. Eins... Zwei... Drei... Die Melodie ertönt: *»Maréchal, nous voilà. Devant toi, le sauveur de la France!«* – »Hier sind wir, Marschall. Vor Dir, dem Retter Frankreichs!«

Einige Sekunden später hat die Lehrerin mich im Visier. Ich bleibe stumm, wie versteinert. Ich weiß genau, dass mir das nichts bringt. Dass mein Vater nicht zurückkommen wird. Dafür ist es zu spät. Nichtsdestotrotz bleibe ich hartnäckig. Presse meine Lippen fest aufeinander.

Die Lehrerin lässt die anderen singen und kommt zu mir hochgestiegen. Sekunden später spüre ich ihren Atem in meinem Gesicht.

»Du solltest singen, Rachel.«

»Ich will nicht!«

Sie richtet sich auf. Ich bin auf alles gefasst. Dass mir an den Ohren gezogen wird, dass mir auf die Finger gehauen wird, dass sie mich zur Strafe vor allen bloßstellt. Aber stattdessen schaut sie sich um, steigt die Stufen, vier auf einmal nehmend, wieder hinunter und stellt sich wieder vor die Schüler.

In der Schule waren wir viele kleine jüdischen Mädchen, die entweder ihre Väter schon im Krieg verloren hatten, deren Väter in Gefangenschaft geraten waren oder die an ebendiesem 14. Mai 1941 abgeholt worden waren. Vielleicht haben wir deswegen nie wieder über den Vorfall gesprochen, weder mit der Lehrerin noch mit den Klassenkameraden, mit denen ich an diesem Tag auf den Treppenstufen stand.

*

Eine weitere Erinnerung hat sich in mein Gedächtnis eingebrannt. Es muss das Jahr 1942 sein. Einige Zeit nach dem Vorfall in der Schule. Ich bin in Ménilmontant, in der Straße, die überhaupt nicht mehr so war, wie ich sie kannte. Die Geschäfte hatten geschlossen. Die Obst- und Gemüsehändler und auch alle Kinder waren verschwunden. Und dennoch ist einiges los. Man sieht Menschen, wie sie die Wohnungen der Deportierten ausräumen, wie sie die Möbel und Kleidung, das Geschirr und Tausende Erinnerungen wegtragen. Überall verstreut liegen Fragmente früherer Leben herum, Tausende Gesichter, weggeworfen, von der Flut weggeschwemmt. An jenem Tag, hinter einem Mäuerchen versteckt, sah ich, wie Hunderte von Fotografien in die Abwasserkanäle gerissen wurden.

Nach dem Krieg war es für mich eine unbedingte Notwendigkeit, solche Fotografien wiederzufinden. Mit dem Verein »Mémoire juive«, dem ich zu Beginn meiner Rentenzeit beigetreten bin, haben wir auf der Suche nach Fotografien alles durchforstet. Insgesamt konnten wir über 6000 Bilder ausfindig machen, insbesondere bei Überlebenden. Diese werden heute im Museum »Mémorial de la Shoah« aufbewahrt.

Unter den Fotografien waren zwei von meinem Vater in Beaune-la-Rolande, die meine Tante aufbewahrt hatte. Fotos, die Soldaten des Lagers in Loiret aufgenommen hatten, um sie den Familien zu schicken.

Das erste ist eine sepiafarbene Fotografie, die Ränder des Fotopapiers sind beschädigt. Mein Vater ist darauf, von einem Dutzend Männern umgeben. Es ist ein schöner Winternachmittag Ende 1941. Im Hintergrund erkennt man eine Holzbaracke mit einem Blechdach. Im Vordergrund schauen die Männer mit zusammengekniffenen Augen in die Kamera. Drei von ihnen, mein Vater, mein Onkel und mein Cousin, tragen Lederjacken. Schwarze Hosen bedecken ihre Beine, an den Füßen tragen sie abgenutzte Halbschuhe. Die Männer posieren mit Zigarette im Mund in der Sonne. Mein Vater scheint nicht besorgt. Er hält sich gerade, den Arm hat er auf den Kameraden neben ihm gelegt; eine Geste der Geselligkeit. Zu seiner Linken steht mein Cousin Maurice, der Bruder von Paul. Er trägt eine helle Jacke, und im Schatten des Gegenlichtes erkenne ich seinen lachenden Mund. Auch die anderen lächeln, manche diskret, fast charmant. Sie sehen vergnügt aus. Es scheint ihnen gut zu gehen, so gut, dass man, ohne das Datum zu kennen, an dem das Foto aufgenommen wurde, glauben könnte, dass es sich um Arbeiter in der Mittagspause handelt.

Die andere Fotografie wurde einige Monate später, ebenfalls im Lager von Beaune- la-Rolande, aufgenommen. Man sieht darauf sechs Männer Arm in Arm, wie Sportler nach einem Spiel. Mein Vater, der zweite von rechts, ist ein bisschen kleiner als die anderen. Er hat abgenommen. Er trägt nicht mehr seine Lederjacke, sondern ein weißes ärmelloses Unterhemd, so abgenutzt, dass man fast seinen nackten Oberkörper erkennen kann. An den Füßen haben Sandalen die Halbschuhe abgelöst.

Die zweite Fotografie kann man auf zweierlei Weisen betrachten: Die erste besteht darin, nur auf die Gesichter zu sehen. Alle lächelnd, fast fröhlich. Einer der Männer hat die Ärmel seines Hemds hochgekrempelt. Man denkt an eine Gruppe von Freunden, die gerade ein freundschaftliches Fußballspiel beendet haben. Dann könnten im Hintergrund Kinder auf Picknickdecken sitzen und ein Fluss würde durch grünes Gras fließen.

Die zweite Möglichkeit, das Bild zu betrachten, besteht darin, auf die Details zu achten. Die Männer haben keine Bäuche mehr, zumindest fast keine. Diejenigen, die ihre Gürtelschnallen nicht mehr ins letzte Loch ziehen konnten, tragen Hosenträger. Die Hosen scheinen ihnen nicht zu passen – sind es überhaupt ihre? Die Arme, die sie umeinander legen, sind schlaff und erschöpft. Der Mann in der Mitte mit dem schwarzen Unterhemd scheint sich eher auf die beiden neben ihm stehenden Kameraden zu stützen, als sie zu umarmen. Seine Beine sind eingeknickt, ein Zeichen der Erschöpfung. Diese Fotografie wurde kurz vor ihrem Abtransport aufgenommen, ein Abtransport ohne Wiederkehr. Sie waren dort seit zwölf Monaten, sie werden nur für dreizehn Monate bleiben, und dennoch posieren sie in würdevoller Haltung. Lächelnd, erhobenen Hauptes, einer von ihnen hat sogar die Hand auf der Taille, wie nach einem guten Essen.

Mein Vater hätte sich sicherlich gewünscht, dass mich dieses Bild erreicht und ich es für immer auf die erste Weise betrachte. Also Picknick und grünes Gras. Es hätte ihm gefallen, wenn ich beruhigt, besänftigt gewesen wäre und aufgehört hätte, nach der Schule auf ihn zu warten.

»Alles ist gut, Rachel. Pass auf dich selbst auf und beunruhige dich nicht mehr.« Aber ich habe das Foto erst nach dem Krieg gefunden. Natürlich habe ich auf die Details geachtet und lese das Foto seitdem auf meine Weise. Als ein Zeichen der Liebe.

*

Einige Zeit nach seiner Festnahme im Mai 1941 hat man uns erlaubt, ihn zu besuchen. Es ist ein Sonntag im Juli, wir nehmen den Zug.

Am Bahnhof von Orléans steigen wir mit anderen Familien in einen Karren, der von zwei Pferden bis zum Eingang des Lagers von Beaune-la-Rolande gezogen wird, große Stacheldrahtzäune, in deren Mitte sich Holzbaracken aneinanderreihen.

»Ausweis!« Die französischen Gendarmen verlangen von meiner Mutter die Papiere. Sie gehorcht und zeigt ihren Ausweis, auf dem nunmehr ein großer roter Stempel prangt: JÜDIN.

Das Wiedersehen ist noch ergreifender als das bei seiner Rückkehr aus dem Krieg. Wir gehen zu viert den Zaun entlang. Der Beginn des Spaziergangs ist fröhlich. Ich betrachte meine Eltern und die Felder, die uns umgeben. Später gehen meine Schwester und ich voran. Hinter uns sprechen unsere Eltern unter Erwachsenen. Zu einem bestimmten Zeitpunkt heizt sich die Diskussion auf. Ich höre meine Mutter, die laut wird und sich gleichzeitig zu zügeln bemüht. »Du musst versuchen zu fliehen! Du kannst da nicht bleiben!«

»Beruhige dich Chana. Vertrau mir ... Solange ich hier bin, stößt euch nichts zu. Euch und mir auch nicht.«

Aber das passt meiner Mutter nicht. Meine Eltern bleiben stehen, um sich zu zanken. Wovor haben sie Angst? Wie können sie sich nach so langer Abwesenheit und Trennung streiten? Und was macht mein Vater hier überhaupt? Ich verstehe nichts mehr. Ich nähere mich ihnen. Meine Schwester versucht sie zu beruhigen, aber es hilft alles nichts. Die Panik überkommt auch sie.

Es ist zu viel für ein kleines Mädchen. Ich breche in Tränen aus. Papa nimmt mich in seine Arme, um mich zu trösten. Bald darauf sind alle drei um mich versammelt.

Später erfuhren wir, was mein Vater wusste und wir nicht ahnten. Die französischen Gendarmen hatten ihnen angekündigt, dass man sich ihre Familien vorknöpfen würde, wenn sie zu fliehen versuchten.

Uns diese Sorge zu ersparen, uns zu beruhigen, uns zu sagen, dass man geduldig darauf warten müsse und sich alles füge, ohne dass er fliehen müsse, auch das war ein letztes Zeichen seiner Liebe für uns.

6

Das Leben lässt sich manchmal in Liedern erzählen, die Kindheit auch. Es gibt Lieder, deren Texte man schnell vergisst oder deren Melodien man leid wird. Und solche, die einen bis zum Schluss begleiten, die man fast täglich summt, ohne sich dessen bewusst zu werden. Die Lieder meines Vaters zählen zu den letzteren.

Gedichte, die niemals verschwinden werden, wie Brücken zwischen den Zeiten.

Diese jiddischen Melodien, ich habe sie lange alleine zu Hause gesummt. Als ich in Rente ging, habe ich begonnen, in einem kleinen Chor zu singen. Und jetzt singen wir die Lieder gemeinsam, damit unsere Konzertbesucher sie hören und sich an sie erinnern können. Damit weitere Brücken entstehen und die Erinnerung nie verloren geht. Ich versuche, der Erinnerung Ewigkeit zu verleihen.

In dem Chor sind wir einige Dutzend. Aber wir singen nicht alle die gleiche Melodie. Jeder hat seine Stimme, und wir werden von Jacinta, unserer Chorleiterin, dirigiert. Wie ein Orchester. Es gibt Tenöre, Altstimmen und Soprane.

Es kommt vor, dass man manche besser hört als andere. Man könnte glauben, dass einige Sänger wichtiger oder unverzichtbarer seien als andere. Aber nein: Nur zusammen bilden sie eine Harmonie. Das ist auch etwas, das die Musik lehrt: ein Kollektiv zu sein.

In der Gruppe meiner Freunde von Ménilmontant funktionierte es, glaube ich, wie in diesem Chor. Auch wir glaubten, die fünf Finger ein und derselben Hand zu sein, und wuchsen derart miteinander auf. Wir dachten, wir seien unzertrennlich. Jeder hatte seinen Platz, den niemand hätte ersetzen können. Fanny war die Schüchternste.

Manu der Mutige. Madeleine die Freundliche. Lino der Neugierige.

Ich war das weibliche Pendant zu Manu. Ich war waghalsig und mochte es, den Clown zu spielen. Alles, was ich unternahm, sollte die anderen zum Lachen bringen. Und am meisten mochte ich es, wenn sie nicht mehr aufhören konnten zu lachen.

War es 1942? Ja, in jenem Sommer, so scheint es mir, hatten wir uns ein neues Spiel ausgedacht, um uns die Nachmittage zu vertreiben. Manu hatte in der Werkstatt seines Vaters vier kleine Rollen unter ein Holzbrett geschraubt. Heute würde man dieses Objekt *Skateboard* nennen, damals war es eine Erfindung.

Wir hatten so etwas noch nie gesehen und haben unsere Zeit damit verbracht, die Hügel des Viertels herunterzusausen. Für jene Erinnerungen habe ich kein Bild, aber ein intensives Glücksgefühl. Der Wind in den Haaren, die frische Luft an den Armen, in diesen Momenten glaubte ich, alles vergessen zu können.

Ich vergaß, dass ich Angst davor hatte, mein Vater würde niemals zurückkehren. Oder davor, dass ich, weil ich jüdisch war, nicht mehr in den öffentlichen Grünanlagen spielen durfte.

Seit Beginn des Jahres 1942 hatten sich die antisemitischen Maßnahmen vervielfacht. Zu Beginn nahm ich sie eher von der Ferne wahr. Da es mir nicht mehr erlaubt war, mit den anderen in Parks zu gehen, spielten wir alle auf der Straße. Ich wusste auch, dass ich nicht mehr ins Schwimmbad gehen durfte, aber das machte mir nichts aus: Ich war noch nie geschwommen.

Im Juni verschlimmerte sich die Situation. Die Juden waren nicht mehr nur Paria, die von öffentlichen Plätzen ferngehalten werden sollten - wir durften unsere Einkäufe auch nur noch zwischen drei und vier Uhr am Nachmittag tätigen, als meistens kaum noch etwas übrig war-, die Juden waren Feinde, die man identifizieren können sollte, und man sollte sie meiden können, wo auch immer sie sich aufhielten.

Es war ein paar Tage vor den Sommerferien, ich bin in der Wohnung und sitze am Tisch, um meine Hausaufgaben zu machen. Meine Mutter sitzt neben mir auf einem Sessel, sie näht. Plötzlich sagt sie: »Rachel, komm mal zu mir.«
Ich stehe auf und gehe auf sie zu. »Warte, stell dich da hin«, sagt sie mir. »Ja, genau so.« Sie hat eines meiner Kleider in ihren Händen. Dann hält sie es mir an die Schulter, so wie man es manchmal macht, um zu überprüfen, dass ein Kleidungsstück die richtige Größe hat.
Ich erinnere mich an den ersten Gedanken, der mir in den Sinn kam: dass ich etwas angestellt hatte. Hatte ich vielleicht den Stoff meines Kleides zerrissen, als ich auf dem Brett die Rue de Tlemcen runterfuhr? Hatte ich es beschmutzt, als ich in eine Pfütze fiel?
Besorgt frage ich: »Gibt es ein Problem?«

»Nein, nein. Mach dir keine Sorgen und halt still.«

Maman nimmt das Kleidungsstück, legt es auf ihre Knie und macht weiter. Ich sehe, dass sie mit kleinen Stichen ein Stück gelben Stoff annäht, auf der Höhe der Brust. Ich komme etwas näher: Es ist ein Stern, auf dem in schwarzen Buchstaben das Wort »Jude« steht.

»Aber Maman, was machst du da auf mein Kleid?« Mit einem Ruck packe ich das Kleidungsstück und reiße an dem Stern, um ihn wieder zu entfernen. Aber meine Mutter hält mich zurück.

»Hör auf, Rachel!«

»Aber ich will das nicht tragen!«

»Wir sind dazu verpflichtet. Ab morgen wirst du dieses Kleid tragen. Für deine Schwester und mich gilt das Gleiche.«

»Ist mir egal! Ich will das nicht!«

Ich lasse das Kleid auf den Boden fallen und renne in unser Kinderzimmer. Ich komme nicht wieder heraus und weine Tränen über Tränen.

Einige Tage zuvor hatte man von den jüdischen Familien verlangt, dass sie mit ihren Textilscheinen gelbe Sterne kauften. Ab dem Alter von sechs Jahren wurde jede Person, die im jüdischen Register eingetragen war, verpflichtet, einen solchen Stern deutlich sichtbar auf der Brust zu tragen.

Die sechs Ecken sollten sorgfältig mit kleinen Stichen angenäht sein, genauso wie es meine Mutter gemacht hatte. Wenn der Stern nicht ordentlich angenäht war oder wenn man ihn nicht trug, riskierte man ein Bußgeld, ja sogar Gefängnis. Ich konnte es nicht so machen wie damals, als ich mich weigerte zu singen. Ich hatte keine Wahl.

Am nächsten Morgen war ich so aufgeregt wie zu Schul-

beginn. Wie würden die anderen reagieren? Meine Klassenkameraden? Und die Leute auf der Straße, würden sie mich
anders ansehen? Ich befürchtete, dass man mich nicht mehr
als Rachel sah, das kleine Mädchen, das so vornehm wie die
Erwachsenen sprach, oder als Rachel, das kleine Mädchen,
das errötete, wenn man ihm Bonbons schenkte.
Würde ich nun nur noch zu Rachel, der Jüdin, werden?

Wir gingen die Stufen der Treppe hinunter. Als wir auf der
Straße ankamen, waren wir nicht mehr dieselben; wir hetz-
ten zur Schule.
Von diesem Tag ist mir ein furchtbares Gefühl der Scham
geblieben. Nicht darüber, jüdisch zu sein, sondern darüber,
dass dieses Jüdischsein über allen anderen Dingen, die ich
war, stehen sollte und mich von den anderen unterschied.
Vor der Schule sehe ich Jeanine und ihre Mutter. Sie trugen ebenfalls den gelben Stern. Und so wie für uns schien er
auch für sie Tonnen zu wiegen. Es war nur ein Stück Stoff,
dennoch veränderte er alles. Unsere Körperhaltung, unseren Charakter, unsere Art und Weise zu sprechen. Jenen
Tag haben Jeanine und ich dicht beisammen in einer Ecke
des Pausenhofes verbracht. Manche, die den Stern trugen,
mischten sich weiterhin unter die anderen, aber für uns
war das unvorstellbar. Wir dachten nur an eines: Hier weg-
zukommen und unsere Freunde aus dem Viertel wieder-
zutreffen, die wie unsere Familie waren.

*

Ich weiß nicht, wann es geschah, wahrscheinlich gut zehn
Tage später. Wir spielten auf dem Trottoir mit dem Brett auf
Rädern. Einer von uns hatte die Idee, dass wir Abfahrten zu

zweit machen könnten. Manu und Lino fingen an. Dann waren Fanny und Jeanine dran. Als ich an der Reihe war, schlug ich Madeleine vor, mich zu begleiten. Ich ließ ihr die Wahl, ob vorne oder hinten, ganz wie sie wollte. Ich erinnere mich: Ich schnappte mir das Brett und begann, die Straße hinaufzulaufen. Ein paar Meter weiter bemerkte ich, dass mir niemand folgte, und drehte mich um. Madeleine war bei der Gruppe etwas weiter unten geblieben.

»Warum kommst du nicht?«, frage ich.
»Sie will nicht«, antwortet Manu.
»Ich verspreche dir, wir fahren nicht schnell und passen auf.«
»Sie will nicht mit dir aufs Brett, weil sie sagt, dass du jüdisch bist.«

Diese drei letzten Worte trafen mich wie eine Ohrfeige. Ich stand eine Weile mit offenem Mund da, so wie Tiere manchmal im Scheinwerferlicht erstarren. Es hatte mir die Sprache verschlagen.

Nach einigen Sekunden kam ich wieder zu mir. Ich verspürte einen riesigen Schmerz, der größer als die Welt war. Der Stern auf der Brust brannte. Rennend verließ ich die Gruppe, im Treppenhaus kamen mir die Tränen.
Ich war schrecklich wütend auf Madeleine, aber die Scham und der Schmerz wogen tausendmal schwerer. Heute weiß ich, dass sie nichts dafürkonnte. Madeleine war sich nicht bewusst, was sie tat. Sie wiederholte, was sie zu Hause, auf der Straße und aus den Zeitschriften gehört hatte und was sie nicht einmal verstand.

Der Stern hatte unsere Gruppe mit einer imaginären Linie getrennt. Wir waren kein unzertrennbares Ganzes mehr. Nun waren sie auf der einen Seite und wir würden auf der anderen stehen.

7

Jede Existenz birgt eine verworrene Erinnerung. Einen intensiven Schmerz, den die Zeit zu heilen, zu besänftigen und dann zu verbergen versucht.

Mein Schmerz ist auf der Karte meiner Kindheit verzeichnet. Ein Ort, an dem ich vor 2011 nur ein einziges Mal war. In jenem Saal der Bellevilloise, in dem ich das kleine Mädchen im Sommerkleidchen mit seinen langen braunen Haaren zurückgelassen habe.

Das tut man, wenn man zu sehr leidet. Man häutet sich, man verwandelt sich. Man lässt ein Ich in der Vergangenheit, um ein neues Ich zu gestalten. Man wird wiedergeboren, um zu überleben.

In jenem Julimonat des Jahres 1942 war es sehr heiß. Ich erinnere mich noch an die glühende Hitze, den schwitzenden Körper, die Haare, die einem der Schweiß auf die Stirn klebte. In Ménilmontant schmolzen wir unter der Sonne. Ich nehme an, mein Vater muss sehr durstig gewesen sein, im Zug, der ihn nach Auschwitz brachte.

Hat man ihm wenigstens Wasser gegeben? Hat man sie ein kleines Schälchen teilen lassen? Ich weiß es nicht. Im Laufe des Julis teilte man uns lediglich mit, dass er zum Arbeiten nach Deutschland geschickt worden war. Man ließ uns mit dieser Lüge allein – sonst nichts.

Am 15. Juli 1942 trage ich schon dieses Sommerkleid. Wir sind mit Louise in der Wohnung. Ich höre noch den Klang der eilenden Schritte von Maman auf der Treppe. Dann ihr donnerndes Entrée: »Packt eure Sachen. Heute Abend schlaft ihr bei den Großeltern.«

An jenem Morgen, im Morgengrauen, hatte man ungefähr 5000 Polizisten einbestellt, um ihnen die »Juden-Kartei« auszuhändigen, die die Adressen und Namen aller jüdischen Personen der Region Paris enthielt. Den Polizisten wurden Familiennamen mit Adressen zugeteilt, zu denen sie sich in Zweiergruppen begeben sollten. Nicht alle fügten sich. Einige von ihnen – man weiß nicht genau, wie viele – sind auf die Pariser Straßen gegangen, hauptsächlich in die Viertel, in denen viele immigrierte Juden wohnten – ins zwanzigste, zehnte, elfte und vierte Arrondissement und anderswo. Dort riefen sie allen und jedem zu: »Morgen holen sie die Frauen und Kinder!«

Hatte Maman das gehört? Hatte man es ihr weitergesagt? Ich weiß es nicht, aber ein paar Minuten nach ihrer Rückkehr verließen wir alle drei die Rue Duris. Meine Großeltern väterlicherseits lebten nur ungefähr fünfzig Meter von uns entfernt, das war der einzige Ort, wo wir hingehen konnten. Wir hatten keine Zeit, weiter weg zu gehen.

Siebzig Jahre später gibt es immer noch Fragen ohne Antworten, Zweifel und Rätsel, die für immer ohne Auflösung bleiben werden. Ich habe mich oft gefragt, warum meine Mutter an jenem Abend nicht mit uns bei den Eltern meines Vaters geblieben ist. Hätten wir nicht zusammen fliehen können? Uns verstecken? Länger zusammenbleiben können?

Mit der Zeit und mit zunehmendem Alter habe ich akzeptiert, dass ich es nie erfahren werde. Die Erklärungen haben die, die uns verlassen haben, mitgenommen. Es sind ihre Geheimnisse, die ich ihnen lasse.

Auch das gehört zum Älterwerden dazu.

*

16. Juli 1942. Morgendämmerung. Ich schlafe noch an der Seite meiner Schwester, als schwere Schritte und Gebrüll im Treppenhaus zu hören sind. »Louise! Louise!«, schreie ich. Die Schritte werden schneller. Ich erstarre. Eine Sekunde später lässt uns ein lautes Klopfen aufschrecken. »Polizei! Aufmachen!«

Meine Großmutter steht mühevoll auf und gibt uns ein Zeichen, uns in die Ecke zu stellen und uns nicht zu bewegen. Wir wussten alle, was los war. Das, was meine Mutter so befürchtet hatte, geschah: Sie waren gekommen, um uns zu holen.

Ich habe das Alter, in dem meine Großmutter damals war, seit Langem überschritten. Aber sie war erschöpfter als ich heute, und von den Beschwernissen der Zeit geprägt. Ich sehe sie noch, wie sie sich der Tür nähert, wie ihre gealterten Hände die Tür öffnen und wie sie mit Entsetzen die Besucher erblickt: zwei Polizisten, einer in Uniform, einer in Zivil.

Was hätte sie tun sollen? Was hätte sie sagen sollen? Wir waren in der Falle, und sie konnte uns nicht beschützen.

»Ich flehe Sie an. Es sind nur Kinder. Sie dürfen ihnen nichts antun!« Sie schreit. Sie brüllt. Aber ohne sie auch nur eines Blickes zu würdigen, kommen die Polizisten direkt auf uns, die wir in der Ecke kauern, zu: »Schnell, zieht euch an, wir gehen zu eurer Mutter!«

Ich bin wie versteinert, unfähig, auch nur die kleinste Bewegung zu machen. »Los, beeilt euch!« Auf einmal schnellt Louise zum Bett und packt unsere Sachen in einem Bündel zusammen. Sie greift nach meiner Hand. »Bleib bei mir.«

Hatten meine Großeltern noch Zeit, uns zu umarmen? Ich erinnere mich, in die Rue Duris gelaufen zu sein, ein Polizist vorne, einer hinten, meine Hand in die meiner Schwester gepresst.

Es war die Zeit am Tag, zu der nicht mehr Nacht, aber auch noch nicht Tag ist. Auf der Straße sah man weitere Polizisten und Familien, die nach draußen gedrängt wurden. Kinder, die sich an die Röcke ihrer Mütter klammerten und sich die Augen rieben. Koffer, die auf dem Trottoir aufgerissen wurden und die die Größeren wieder zu schließen versuchten. Ich hörte die Kleinen angsterfüllt weinen.

Im Hauseingang lassen uns die Polizisten vorangehen. Doch als wir die erste Stufe nehmen, halten sie uns fest. »Übrigens, Mädchen, ihr könnt euch bei eurer Concierge bedanken. Sie hat uns großzügigerweise verraten, wo ihr wart.«

Für die Polizisten waren wir nicht wie die anderen Kinder. Weil wir jüdisch waren, hatten wir keinen Wert. Man konnte uns demütigen, verängstigen, uns wehtun. Und man hatte das Recht dazu, so als hätten wir es verdient.

Sie begleiteten uns bis zur Wohnung. Meine Mutter war völlig aufgelöst, als sie uns wiederkommen sah. »Ihr habt fünf Minuten Zeit, um eure Koffer zu packen. Nehmt wenig mit, denn wie ihr euch vorstellen könnt, müssen wir noch viele Familien holen.«

Es war zwischen vier und sechs Uhr morgens. Durch das Fenster sah man noch den Mond, der gerade unterging. Warum hatten sie jenen Tag gewählt und diese Uhrzeit? Um der großen Schar der Pariser, die später zur Arbeit aufbrechen würden und uns hätten helfen können, zuvorzukommen?

Beim Rausgehen sah ich, dass die Straße schwarz von Menschen war. Die Hand fest in der meiner Mutter verankert, mein Gesicht zur Hälfte hinter ihrer Hüfte versteckt, nahm ich die Familien wahr, die aus den koscheren Türen hinausströmten, wie Wasser, das aus der Quelle sprudelt. Alle trugen, wie auch ich, den Stern.

Bei dieser ersten Massenverhaftung hatte man beschlossen, Kinder ab zwei Jahren und Erwachsene bis sechzig mitzunehmen. Bei der zweiten und den anderen Massenverhaftungen gab es keine Einschränkungen mehr. Man nahm die Kleinen aus ihrer Wiege, ob an ihrem achten oder fünfzehnten Lebenstag, und man nahm die Alten, selbst wenn man sie dafür auf Tragen legen musste.
Dann setzte sich die mit Sternen versehene Masse in Bewegung. In der Rue de Ménilmontant fielen die ersten Sonnenstrahlen auf unsere Gesichter.
Manche Nachbarn schauten aus den Fenstern. Ich erinnere mich, dass uns erste Passanten auf dem Trottoir über den Weg liefen. Sie schauten uns an, sie beobachteten, wie man Hunderte von Juden abführte. Manche lachten und zeigten mit dem Finger auf uns, sagten, dass das gut so sei.
Aber es gab auch die anderen. Ich sehe noch die weinende Dame, die in ihrer Hand das kleine Kreuz hielt, das an einer Kette um ihren Hals hing. Ich kann mich noch an die Züge des Mannes erinnern, der die Hand fassungslos vor den Mund hielt.

Ich war acht Jahre alt, aber ich hatte verstanden, dass nicht alle Pariser mit unserem Los einverstanden waren.

*

La Bellevilloise besteht seit der Pariser Kommune. Es war ein politischer Ort, in dem Gebäude befand sich ein Veranstaltungs- und Konferenzraum sowie ein Kino.

Draußen wurden Kleidungsstücke für Bedürftige verkauft. Während der ersten Massenverhaftung vom Vélodrome d'Hiver (Vél d'Hiv), war die Bellevilloise einer der vier Orte, an denen man Familien aus dem zwanzigsten Arrondissement einsperrte, bevor man sie in die Lager deportierte.

Unsere Sachen zu unseren Füßen, klebe ich an meiner Mutter und meiner Schwester. Unbekannte rempeln mich an. Wir schwitzen, die Luft ist unerträglich feucht. Von Weitem sehe ich meinen Cousin Paul. Er ist 16 Jahre alt. Panisch zieht meine Mutter an unseren feuchten Händen und versucht, sich einen Weg zu bahnen. Sie stolpert über die Personen, die uns umgeben, schlängelt und presst sich durch.

Sie sucht einen Ausweg, einen Hinweis, sie möchte irgendetwas finden. Aber die Menge ist zu dicht. Es ist zu heiß. Wir sind erschöpft.

Eine Nachbarin, die sie bittet, sich zu beruhigen – »Sie werden uns nichts tun, solange wir unsere Kinder dabeihaben« –, schreit sie mit Tränen in den Augen an:

»Sie verstehen es nicht. Sie schicken uns nicht zum Arbeiten nach Deutschland. Man kann mit den Kleinen im Arm nicht arbeiten!«

Sie klang wie eine Wölfin, die den Mond anheult. Aber wie im Wald war sie alleine, und niemand hörte sie.

8

Sehr lange Zeit habe ich niemand erzählt, was ich erlebt hatte. Von meiner Kindheit erzählte ich nie. Ich wich aus, beschränkte mich auf ein paar Dinge: Waisenkind, polnische Eltern, etwas in der Art. Ich hatte es mir nicht ausgesucht, es war stärker als ich.

Dann eines Tages, ich war seit einigen Jahren Mutter, kam meine Tochter aus der Vorschule nach Hause. Sie war damals vier Jahre alt und hatte blonde Locken.

Wütend rief sie meinem Mann und mir zu: »Ihr seid gemein, alle beide!«

»Warum?«, fragte ich.

»Die anderen haben Großeltern und ich nicht!«

Ich hatte mit ihr nie darüber gesprochen. Ich wollte nicht in ständiger Traurigkeit leben, deswegen hatte ich all das in meinem Inneren vergraben. Aber an diesem Tag verstand ich, dass meine Tochter es wissen musste, dass ich sie nicht länger anlügen durfte. Also begann ich langsam, ihr alles zu erzählen.

Später war es mein ältester Enkelsohn. Er war acht Jahre alt, als er meine Geschichte in seiner Schulklasse vortrug. Als er zurückkam, sagte er zu mir: »Keiner wusste davon. Selbst die Lehrerin nicht. Alle haben mich mit großen Augen angeschaut. Du solltest zu jungen Leuten gehen, um mit ihnen darüber zu sprechen.«

Der jüdische Friedhof von Carpentras war kurz zuvor geschändet worden. Mein Enkelsohn war so jung und hatte dennoch verstanden, dass ich meine Vergangenheit erzählen sollte. Und er hatte recht. Warum hatte ich so viele Jahre geschwiegen? Warum so viel Schweigen, um die Schreie und Tränen zu vergessen?

Wenn sich ein großes Gewitter anbahnt, sagt man oft, dass darauf blauer Himmel folgt. Auf Regen folgt Sonnenschein. Seeleuten erzählt man von der Ruhe nach dem Sturm, um sie zu beruhigen.

Nach dem Krieg, nach den Deutschen und der Kollaboration war es wie nach einem schlimmen Zyklon, der endlich abzog. So, als wäre all das Böse, das geschehen war, von weit her, von jemand anderem gekommen, und dieser andere war nun besiegt.

Die Überlebenden, die zurückkehrten, ließ man nicht zu Wort kommen. Sie warfen Schatten auf unseren blauen Himmel. Ich erinnere mich noch daran, wie man mich zum Schweigen brachte: »Komm schon! Darüber sprechen wir jetzt nicht mehr. Wir blicken in die Zukunft!« Manch einer sagte mir sogar: »Du hast das Glück, noch am Leben zu sein. Also sei still!« Abgesehen vom Schmerz der Zeitzeugen gab es noch etwas anderes, das man nicht wahrhaben wollte. Das Land zog es vor, seine Vergangenheit zu vergessen. Man wollte nicht daran erinnert werden, dass nicht alle Franzosen Widerstandskämpfer waren. Dass es an jenem Morgen im Juli 1942 nicht der deutsche Feind war, der uns abgeholt hat, sondern französische Polizisten.

1995, fünfzig Jahre später, erkannte Präsident Jacques Chirac endlich die Mitschuld des Regimes von Pétain an. Bei der Gedenkfeier an die Massenverhaftung vom Vél d'Hiv stand ich nicht weit von ihm entfernt. Ich weinte, wie viele Menschen um mich herum. »Endlich«, dachten wir alle.

Von diesem Zeitpunkt an konnten wir erzählen. Unser Leid war nun offiziell anerkannt. Die Ventile, die wir verschlossen gehalten hatten, öffneten sich, eins nach dem anderen. Und meine Vergangenheit holte mich in Wellen ein. Die letzte Welle brauchte am längsten, um zu brechen: Sie trug meine schwerste Erinnerung, die schmerzhafteste.

Auf dem Weg auf der Karte meiner Kindheit nehme ich jetzt die letzte Abzweigung. Die der Flucht.

*

Meine Hand klammert sich immer noch an die meiner Mutter, an jenem 16. Juli 1942. Um uns herum sind alle in Aufruhr. Säuglinge schreien, Männer bitten um Hilfe, und Polizisten brüllen sie nieder.

Etwas weiter entfernt erkenne ich eine Klassenkameradin. Sie weint und will auf den Arm ihrer Mutter, die zu schwach ist, um sie zu tragen. Daneben ein Junge aus dem Viertel, mit dem ich manchmal gespielt habe. Er versteckt sich hinter dem Rock seiner großen Schwester.

Andere Kinder schlafen erschöpft, hungrig und durstig, in einer Ecke, auf einem Koffer oder einem Bündel. Wie viele Kleine sind es an diesem Morgen? Wie viele sind wir hier eingesperrt, ohne zu verstehen, was geschieht?

Meine Mutter bleibt stehen. In der Mitte der Menschenmenge trifft sie eine Nachbarin, die Mutter von Léa. Diese flüstert ihr etwas ins Ohr. Sogleich erhellt sich das Gesicht meiner Mutter. Sie kniet sich vor uns hin und schaut uns in die Augen. Dann sagt sie: »Die Tochter der Nachbarin ist gerade durch den Notausgang geflohen. Louise, Rachel, ihr findet diesen Ausgang, und ihr flieht.«

Ohne sie weggehen? Sie zurücklassen? Wut steigt in mir auf. Mit all meinen Kräften schreie ich: »Ich will dich nicht verlassen!« Dann beginne ich zu weinen und kralle mich mit aller Kraft an sie.

Ich klammere mich an ihre Beine, an ihre Kleider, an alles, was ich von ihr ergreifen kann.

Ich bin schweißgebadet. Von meiner Stirn triefen dicke Schweißperlen auf meine Schläfen. Meine Mutter versucht mich abzuschütteln. Ich strampele zwischen ihren Armen. Auf einmal schiebt sie mich weg und hebt ihre rechte Hand, um mir mit einer mir unbekannten Kraft eine Ohrfeige zu verpassen.

Es war das erste Mal, dass sie so etwas tat, und mehr bedurfte es nicht, damit ich losließ in der Bellevilloise. Damit ich einen Teil von mir dort in der Bellevilloise zurückließ, mit meiner Mutter und unserem mit so viel Liebe und Zärtlichkeit erfüllten Leben.

Nach ihrem Schlag ließ ich sofort von ihr ab. Meine Mutter gab uns noch folgenden Satz mit auf den Weg, und ich sehe noch heute ihre Lippen die Wörter formen:

»Wenn sie wiederkommen, um euch zu holen, versucht immer zu fliehen. Auf der Straße sind viele Leute, das wird euch beschützen.« Meine Schwester nahm mich an die Hand, und wir durchquerten die Menschenmenge in Richtung des Notausgangs. Davor standen zwei Polizisten Wache. Als sie uns kommen sahen, drehten sie, ohne uns anzuschauen, sofort ihre Köpfe weg und ließen uns hinausgehen. Draußen im Hof sah ich zwei Busse ankommen, die alle mitnehmen sollten, die nicht das Glück hatten wie wir.

9

Nach dem Krieg erfuhr ich, dass das Haus mit unserer
Wohnung zerstört worden war. Man erzählte mir auch,
dass mein Viertel nicht mehr dasselbe sei, dass sich alles
verändert habe. Das schmerzte mich sehr. Ich hatte kein
Zuhause mehr, keine Eltern, und nun wurde mir bewusst,
dass meine Kindheit endgültig ihren Anker verloren
hatte.

So habe ich für viele Jahre Ménilmontant von meiner Karte
von Paris gestrichen. Es kam zwar vor, dass ich ins zwanzigste Arrondissement von Paris musste, aber ich vermied
sorgfältig die Rue de Tlemcen, die Rue Duris und all die
anderen. Ich nahm Schleichwege, machte weite Umwege; ich
war nicht in der Lage, all das wiederzusehen, was ich kannte
und was nicht mehr war.

Eines Tages, im April 1997, erfuhr ich, dass sich eine Gruppe
gegründet hatte, um eine Erinnerungstafel an der Fassade
meiner früheren Schule einzuweihen, in Gedenken an die
verschwundenen Kinder. Und so bin ich am 26. April 1997
dieser Einladung gefolgt und zum ersten Mal in die Rue
de Tlemcen zurückgekehrt.

Als ich über diese Pflastersteine schritt, über die ich als kleines Mädchen so oft gelaufen war, stiegen die Erinnerungen
in mir hoch: wie ich damals befürchtete, aus der Schule
ausgeschlossen zu werden. Ich erinnerte mich an die Farbe
des großen Schals von Mademoiselle Fiancette und an

den Namen der Lehrerin, die ich so gerne hatte, Madame Delarue.

An jenem Tag im April 1997 waren wir mehrere hundert Personen. Unter uns waren Geneviève de Gaulle-Anthonioz, die Nichte von Charles de Gaulle, eine ehemals Deportierte, und viele mir Unbekannte. Das Gefühl, das uns ergriff, war außergewöhnlich.

Einige Zeit später wurden vier weitere kleine Gedenktafeln im Inneren der Schule eingeweiht, mit den Vor- und Nachnamen der verschwundenen Kinder und ihrem Alter zum Zeitpunkt ihrer Deportation. Auf einer dieser Tafeln standen die Namen der ehemaligen Schüler, die, die nicht mehr hier waren, als sie in den Tod geschickt wurden.

Auf dieser Liste, ganz unten, tauchte drei Mal der Name Lenczner auf. Für Fanny, Régine und Marie, meine Cousine, mit der ich über das Feld gerannt war, um die Kanne mit Wasser zu füllen. Sie wurden am 31. August 1942 mit dem Konvoi Nummer 26 deportiert. Mit ihrer Mutter und ihrem kleinen Bruder Bernard, vier Jahre alt.

Auf der Tafel der Jungenschule stand auch der Name von meinem Cousin Paul, dem ich am 16. Juli 1942 nicht Adieu gesagt hatte.

*

In dem kleinen Zimmer in der Rue de Tlemcen lebten ein Onkel und eine Tante mit uns versteckt. Schnell wurde es zur täglichen Herausforderung, Essen zu finden, ohne geschnappt zu werden. Mein Onkel brachte uns bei, auf der Straße die Kollaborateure zu erkennen; Männer mit finsterer Miene, die in Leder gekleidet waren oder einen Hut trugen.

Sobald wir einen erblickten, rannten wir in die entgegengesetzte Richtung, bogen plötzlich in eine Querstraße ab, wo wir uns in einem Hauseingang versteckten. Wir lebten in ständiger Angst vor Verfolgung, immer auf der Hut, nicht verhaftet zu werden.

Eines Tages fand meine Schwester heraus, dass meine Mutter in Drancy interniert war. Da wir geflohen waren, wurde sie den »kinderlosen« Alleinstehenden zugeteilt und direkt dorthin geschickt. Zu jener Zeit wusste man es zwar noch nicht, aber das Lager war die Vorkammer des Todes. Dort kamen Züge aus ganz Frankreich an, um die Gefangenen weiter nach Auschwitz und die Lager in Polen zu transportieren.

Es ist morgens. Wir nehmen den Bus an der Metrostation Jaurès in Richtung des Lagers. Bei der Ankunft folgten uns mehrere Dutzend Personen auf dem Weg, der sich durch die Häuschen des Vororts zog.
Das Lager ist ein riesiges Gebäude in U-Form, von Stacheldraht umzäunt. Auf dem Dach steht eine Gruppe Gefangener zusammen und ruft den Besuchern Vornamen zu. Ich suche meine Mutter unter ihnen. Ich nähere mich dem Stacheldrahtzaun, schaue überall, aber ich sehe sie nicht.

Das erste Mal kehrten wir unverrichteter Dinge nach Paris zurück. Uns war schwer ums Herz, aber wir gaben nicht auf. Wir würden wieder hinfahren und sie sehen.
Das zweite Mal war es drückend heiß. Systematisch lief ich den ganzen Zaun ab. Nach einiger Zeit geriet ich in Panik und brach in den Armen meiner Schwester in Tränen aus.

Ich weiß nicht, wie lange ich geweint habe. Aber irgendwann spürte ich eine Hand auf meiner Schulter. Und ich hörte eine Männerstimme fragen: »Was ist mit dir?«

»Ich kann meine Mutter nicht sehen.« Er gab mir ein Fernglas.

Ich sah alles. Die Frauen, die Farbe ihrer Kleidung, ihre Haare. Und endlich, meine Mutter. Ihr Gesicht war uns zugewandt.

Ich war weit weg von ihr, uns trennte ein Zaun und ein Zwischenraum. Dennoch reichte es mir, sie zu sehen, um in mir die Wärme von Zuhause zu spüren. Ihre Nähe, wo auch immer sie war, war mein Zuhause.

Aber auf einmal verhärteten sich ihre Gesichtszüge. Ihre rechte Hand hob sich in unsere Richtung, als wolle sie jemanden wegscheuchen. Kleine schlagende Handbewegungen.

Zunächst verstand ich nicht. Dann wurden alle um mich herum von einem plötzlichen Aufruhr ergriffen. Die französischen Gendarmen, die Drancy überwachten, nahmen die Jagd auf uns auf.

Von dem, was dann folgte, habe ich nur noch wirre Erinnerungen, unscharfe Bilder. Ich wurde, glaube ich, mit meiner Schwester von einem Paar mitgenommen. Man versteckte uns einige Zeit im Garten eines Häuschens, bevor man uns zurück nach Paris gehen ließ.

Für mich war das Wichtigste, dass ich meine Mutter gesehen hatte, dass sie am Leben war. Ich wollte noch einmal hin.

Das dritte Mal war am 29. Juli 1942. Wir stiegen aus dem Bus aus, die Augenbrauen zusammengezogen und die Hände, vom Licht geblendet, vor den Augen.

Ich bin kurz davor, den Weg zwischen den kleinen Häusern zu nehmen, als ich die Stimme meiner Schwester hinter mir höre: »Rachel, komm zurück!«

»Was?«

»Rachel, komm sofort zurück! Wir fahren zurück nach Paris!«

»Was? Nein! Ich fahre nicht nach Paris zurück.«

Davon überzeugt, sie abzuhängen, laufe ich schneller. Ich spüre die eiligen Schritte meiner Schwester und erhöhe mein Tempo. Aber es reicht nicht. Einen Augenblick später greift sie mich am Arm und schreit mich an: »Du folgst mir jetzt! Wir fahren zurück nach Paris!«

Ich versuche, mich ihr zu entwinden. Ich brülle »Nein! Wir fahren nicht zurück!« Dass ich sie mehr als alles auf der Welt verabscheue. Und überhaupt, warum müssen wir zurück?

Sie ist stärker als ich. Mein Arm tut mir weh. Bald werfe ich mich zu Boden, um es ihr noch schwerer zu machen. Aber sie sammelt mich auf wie einen Sack Kartoffeln.

Also gebe ich mich geschlagen. Mit Tränen in den Augen ergreife ich fügsam ihre ausgestreckte Hand und folge ihr.

Ich habe den gesamten Rückweg geweint. Wir kamen in Paris an, ohne ein Wort gewechselt zu haben, und liefen bis zum Zimmer meiner Großeltern.

Am Abend, bevor wir ins Bett gingen, nahm mich Louise in den Arm. Sie erklärte mir, dass uns auf dem Weg nach Drancy mehrere Busse entgegengekommen seien. In einem hätte sie unsere Mutter erkannt, stehend, zusammen-gedrückt wie eine Sardine. Maman hätte sie gesehen und ihr das gleiche Zeichen gemacht:

»Verschwindet.«

Diese kleinen schlagenden Handbewegungen waren ihr letztes Zeichen der Liebe. Uns abzuweisen, damit wir uns retten konnten. Es dauerte viele Jahre, um dieses Opfer zu verstehen. Ich musste dafür Mutter werden.

An jenem 29. Juli 1942 ist Maman, ohne Retour, mit dem Konvoi Nummer 12 nach Auschwitz gefahren.

10

Als die Gedenktafeln in der Rue de Tlemcen enthüllt wurden, waren Marie, Paul und die anderen seit über 50 Jahren ermordet. Während all dieser Jahre gab es nichts, um ihnen und den zahlreichen anderen Kindern, die nicht erwachsen werden durften und an deren verängstigte Blicke in der Bellevilloise ich mich erinnere, zu gedenken.

Es gab keine Gräber, keine Körper, nichts, um aufzuklären, dass sie ermordet worden waren, weil sie jüdisch waren, nicht einmal einen Hinweis, dass sie gelebt hatten, dass sie geboren wurden, gelacht, gespielt und geweint hatten. So, als wären sie nie da gewesen.

Alle Kinder des Viertels erlitten ein ähnliches Schicksal. Als Pierre Cordelier, Lehrer in der Schule in der Rue Julien-Lacroix, Catherine Vieu-Charier, Leiterin der Vorschule in der Rue des Couronnes, und weitere Lehrkräfte aus dem zwanzigsten Arrondissement 1997 die Schulkarteien durchsuchten, wurde ihnen klar, dass viele ehemalige Schüler jüdischer Abstammung nach Kriegsende und nach der Befreiung nicht zurückgekehrt sind.

Sie schlossen sich der Gruppe an, der auch ich angehöre, und wir haben das Komitee »École de la Rue de Tlemcen« gebildet. Die Mehrheit der Mitglieder waren Überlebende, Deportierte, Widerstandskämpfer und versteckte Kinder. Heute sind viele von ihnen verstorben, wie Léon Zyguel, der mit 15 Jahren deportiert wurde, aber ich bin nach wie vor die Vorsitzende.

Wir waren keine Historiker, aber wir haben unser Bestes gegeben. Zunächst suchten wir in den Schulakten nach Namen, Geburtsorten und den Berufen der Eltern und glichen sie mit dem Gedenkbuch für die deportierten französischen Juden von Serge Klarsfeld ab, einem wertvollen Dokument, ohne das wir niemals so weit gekommen wären. Dann verglichen wir die Listen, um die Namen der verschwundenen Kinder festzustellen.

Als wir so weit waren, haben wir die Gedenktafeln eingeweiht. Goldene Buchstaben auf schwarzem Hintergrund, eine draußen und eine drinnen – in jeder Schule. Und schon bald hatten alle Schuleinrichtungen des Viertels ihre Gedenktafeln. Es war, als wäre es aus einem jahrzehntelangen Dämmerschlaf erwacht.

Aber das war noch nicht genug. Die Vergangenheitsbewältigung beschäftigte uns immer mehr, und wir konnten es nicht dabei belassen. Henry Malberg, Vertreter des zwanzigsten Arrondissements im Rathaus, vereinbarte für uns einen Termin mit dem damaligen Bürgermeister Jean Tibéri. Dieser gab uns die Erlaubnis, unsere Arbeit auf ganz Paris auszuweiten, mit Zustimmung des Oberschulamts sowie dem Ministère de l'Éducation nationale, dem nationalen Bildungsministerium, und mittels der Vereine zum Gedenken an die deportierten jüdischen Kinder (Associations pour la mémoire des enfants juifs déportés – Amejd), die wir in jedem Arrondissement gegründet haben.

1999 habe ich außerdem die Bildung des Komitees Joseph Migneret im vierten Arrondissement koordiniert, in Gedenken an den Direktor der Hotelfachschule, der während des Krieges falsche Papiere für Familien auf der Flucht beschafft hatte. Seit dieser Zeit gibt es keine Schule mehr ohne ein Mahnmal. Nicht eine Schule oder Gymnasium ohne Gedenktafel.

*

Als ich meine Recherchen mit dem Tlemcen-Komitee aufnahm, versuchte ich lange, die Spur von Mademoiselle Fiancette zu finden. Ich durchforstete die Archive nach ihrem Namen. Wenn ich auf der Straße einen Schal entdeckte, der ihrem ähnelte, folgte ich der Person, die ihn trug, mit meinem Blick.

Die Zeit verging, und Mademoiselle Fiancette blieb in meiner Erinnerung die gute Seele, die wie ein Lichtstrahl über uns gewacht hat.

Da man ihr nicht den Orden der Gerechten, die Médaille des Justes, verleihen kann, berichte ich von ihr. Ich möchte sie mit Worten auszeichnen. Erzählen, was sie im Oktober 1942 gemacht hat; wie sie uns mehrere Male gerettet hat.

In diesem Jahr, zu Schulbeginn, brachte mich meine Großmutter zur Schule. Ich war achteinhalb Jahre alt und erinnere mich, dass ich in meiner Klasse das einzige jüdische Mädchen war.

Am Ende eines Nachmittages hat mich Mademoiselle Fiancette mit drei anderen Schülern ins Büro gerufen. In strengem Ton sagte sie uns: »Wenn euch die Erzieherin holen kommt, folgt ihr ihr, ohne euren Klassenkameraden oder irgendjemandem sonst ein Wort zu sagen.« Mit dieser Aufforderung brachte sie sich in Gefahr. »Habt ihr das verstanden? Ihr packt eure Sachen und lauft ihr nach!«

Als es dann so weit war, hat man uns in den Keller geführt. Die Erzieherin blieb bei uns, bis Mademoiselle Fiancette uns wieder nach oben ließ. Ich erinnere mich an die Stille, die große Angst, die uns in den Knochen saß, und die Kälte, die unsere Finger taub werden ließ.

Diese Monate waren furchtbar. Es fehlte uns an allem, und wir lebten in ständiger Angst, geschnappt zu werden. Ich sehe mich noch die Kartoffelstücke auf den Tellern der anderen zählen. Mir mehrere Pullover anziehen, weil ich keinen Mantel mehr in meiner Größe hatte. Und vor Kälte zittern.

*

In jenem Winter hat die Regierung die zweite große Massenverhaftung organisiert. In der Morgendämmerung des 11. Februars 1943.

Ich habe Windpocken. Wir schlafen im Zimmer meiner Großeltern, als ein lautes Hämmern erschallt: »Polizei! Aufmachen!« Die Besucher, zwei Polizisten, öffnen gewaltsam die Tür und schreien »Auf geht's, Beeilung! Anziehen!« Dann wenden sie sich an meinen querschnittsgelähmten Großvater und brüllen ihn an: »Steh auf!«

Der alte Mann gerät in Panik. Er kämpft mit sich selbst, strampelt, schüttelt sich in alle Richtungen, als ob diese Anstrengungen ihm den unteren Teil seines Körpers zurückgeben würden. »Wenn er nicht läuft«, sagt einer der beiden daraufhin, »hat er Pech gehabt! Dann bleibt er hier! Ihr anderen, nehmt eure Sachen mit!« Als meine Großmutter nicht reagiert, schubst der andere Mann sie und schreit: »Du auch, beeil dich!«

Ich sehe sie noch zu meinem Großvater gehen, um ihn in den Arm zu nehmen. Sie weinen ein paar Sekunden zusammen, umschlingen sich zitternd. Meine Großmutter entfernt sich schwankend, dann geht sie, ohne sich nochmals umzudrehen, hinaus.

Auf der Straße ist es noch dunkel. Der Schnee vom Vorabend ist zu Glatteis auf der Fahrbahn geworden. Die Polizisten quetschen uns ins Polizeirevier des zwanzigsten Arrondissements, das damals links neben dem Rathaus lag, am Anfang der Avenue Gambetta. Drinnen öffnet ein Mann eine Klappe, und wir müssen in den Keller hinuntersteigen, wo die Alten im Halbdunkeln zusammengepfercht weinen.

Kurze Augenblicke später erinnert sich meine Schwester an die letzten Worte meiner Mutter, dreht sich zu mir und murmelt: »Wir werden es versuchen, Rachel.«

»Wie?«

»Wenn die Polizisten die Nächsten bringen, schlüpfen wir ihnen durch die Beine, bevor sie die Klappe wieder schließen.«

Zehn Minuten später bringen zwei Polizisten ein älteres Pärchen herein. Bevor sie wieder gehen, sind wir schon an ihnen vorbei. Mit einem Bein sind wir im Hauptzimmer des Polizeireviers, mit dem anderen noch auf den Stufen der Treppe.

Um uns drängen sich Polizisten, aber auch Zivilisten, Nicht-Juden, die man zur Identitätskontrolle mitgenommen hat. Eine Dame erblickt uns und schreit: »Was machen denn die Mädchen hier?« Sie würdigt den gelben Stern, den ich trage, keines Blickes, sondern scheint vielmehr meine Windpocken zu betrachten. »Ihr Dreckskerle!«, brüllt sie weiter. »Welch Schande, sich an Kindern zu vergreifen!« Die Schreie der Dame stifteten weitere an und nahmen schließlich das ganze Polizeirevier ein. Die Zivilisten rebellierten und forderten, dass man uns gehen lässt. In dieser Nacht waren wir beiden die einzigen Kinder, die festgenommen worden waren.

Nach einiger Zeit sagten die Polizisten und der Kommissar, die die Listen der zu inhaftierenden Familien in ihren Händen hielten und von dem Geschrei ganz außer sich waren: »Haut hier ab.« Drei Wörter, die mir das Leben gerettet haben.

Aber wir konnten unsere noch übrig gebliebenen Familienmitglieder nicht im Stich lassen. Louise wandte sich an die Menschen, die uns verteidigt hatten: »Unsere Großmutter ist unten, sie kümmert sich um uns!« Dann fragte sie – sie wusste nicht, was sie tat, sie war erst dreizehn Jahre alt: »Könnte ein Polizist uns begleiten? Es ist noch Sperrstunde.« Sie bekam, was sie gefordert hatte. Man eskortierte Louise und mich zur Wohnung, wo mein Großvater tränenüberströmt im Sessel saß. Zwei oder drei Stunden später kam meine Großmutter zurückgelaufen, man hatte sie freigelassen. Die Menschen, die uns verteidigt hatten, haben bestimmt weitergeschrien, dass wir nicht alleine bleiben könnten und sich jemand um uns kümmern müsste.

Es war nun klar, dass wir dort nicht bleiben konnten. Also wurden meine Schwester und ich in einem Heim für jüdische Kinder in der Rue Lamarck im achtzehnten Arrondissement von Paris untergebracht. Dort kamen die Waisenkinder unter, deren Eltern verhaftet worden waren.

11

Seit inzwischen über zwanzig Jahren gebe ich immer, wenn an einer Schule eine Gedenktafel angebracht wird, ein Zeitzeugengespräch. Vor ganzen Schulklassen, jungen Leuten, die manchmal viel größer als ich sind, erzähle ich meine Geschichte. Ich zeige ihnen Fotografien aus den Archiven, von Telefonzellen mit Schildern »Für Juden verboten«, von Toren zu öffentlichen Gärten mit gleichlautenden Pappschildern. Dann erzähle ich ihnen von meinen Erlebnissen: von mir als kleinem Mädchen, das dazu gezwungen wurde, den gelben Stern zu tragen, und wie ich, an den Gitterstäben klebend, meinen Klassenkameraden beim Spielen zuschauen musste.

Sie hören mir aufmerksam zu. Meine Geschichte berührt sie, weil wir die gleiche Sprache sprechen. Ich stelle die Geschehnisse aus ihrer Perspektive dar, der eines Kindes.

Meistens sind die Kinder überrascht. Viele kennen nicht einmal mehr die Daten des Zweiten Weltkriegs. Sie tun sich schwer, die Ereignisse einer bestimmten Epoche zuzuordnen, als gehöre die Shoah in ein fernes Zeitalter. Seit einiger Zeit sind manche sogar skeptisch.

Einmal waren wir zu mehreren bei einer Schülerversammlung. Wir hatten noch nicht angefangen zu sprechen, da machte sich schon ein kleiner Junge bemerkbar. Als es ruhig wurde, hörten wir ihn alle sagen: »Die Juden ... Ich kann's nicht mehr hören, die Juden.«

Das hat uns so überrascht, dass wir einen Moment brauchten, um uns zu sammeln. Mir kam meine Freundin Madeleine in den Sinn. Ich habe mir gedacht, dass es auch bei ihm wohl nicht seine Schuld ist. Dass er, so wie sie damals, wohl lediglich das wiederholt, was er anderswo aufschnappt: zu Hause, auf der Straße, auf dem Pausenhof.

Also antwortete ich ihm so, wie ich es Jahrzehnte früher gern mit Madeleine, gemacht hätte. Ich habe mich ihm zugewandt und gesagt: »Du weißt, dass du der Nächste auf der Liste gewesen wärst!«

»Wieso?«

»Weil Hitler nur die sogenannte ›arische Rasse‹ mochte, die Blonden mit blauen Augen. Deine sind schwarz und deine Haare auch.«

Und dann habe ich mit ganzem Herzen meine Geschichte erzählt, um ihm zu zeigen, dass wir, wenn er mit mir großgeworden wäre, gegen denselben Feind gekämpft hätten. Und dass wir vor allem Kinder gewesen wären, in einem Alter, das alle verbindet, in dem die Herkunft nicht zählt.

Ich wollte um jeden Preis seine Ignoranz brechen, denn nur durch sie war so viel Grausamkeit möglich gewesen. Ich wollte ihm zeigen, wohin sein eigener Antisemitismus führen konnte, denn er wusste es nicht.

*

Wenn ich meine Zeitzeugengespräche führe, kommen die Gefühle meiner Kindheit wieder hoch. Die Trauer des Verlassenwerdens, bis hin zur Ohrfeige. Die Panik, verletzt zu werden. Diese Angst verlässt mich bis zum Ende der Erzählung nicht. Ich werde zum kleinen Mädchen im jüdischen Waisenzentrum, das, wie die Brüder vom kleinen Däumling, den Menschenfresser kommen hört. Meine Schwester und ich blieben dort einige Monate, aber wir waren getrennt. Während dieser Zeit schickten die Deutschen Konvois mit Tausenden Menschen nach Auschwitz. Wenn die Quoten nicht erfüllt waren, kamen sie in die Heime, um ihre Menschenfracht aufzustocken. Auch in unseres. Sie schnappten die jungen Mädchen um uns herum mit der gleichen Leichtigkeit, mit der man Gänseblümchen pflückt.

Jeden zweiten Sonntag durften wir unsere Familien besuchen. Wir mussten der Heimverwaltung lediglich eine Adresse angeben, und sie ließen uns raus. Einen dieser Tage hat meine Schwester genutzt, um unsere Flucht zu organisieren. An jenem Sonntag zogen wir uns an und bereiteten uns vor zu gehen. Im Register der Heimverwaltung trug Louise die ehemalige Adresse von meinem Onkel und meiner Tante ein. Wir gingen hinaus, ohne uns etwas anmerken zu lassen, unsere Betten komplett leer. Am Ende der Straße liefen wir schneller und schlüpften in einen Hauseingang. Dort, im Schatten, griff meine Schwester nach dem gelben Stern, der auf ihr Kleid genäht war, und trennte ihn mit einem kleinen Messerchen ab. Ich tat es ihr gleich. Dann rannten wir zu dem Dienstbotenzimmer im Dachgeschoss, in dem sich mein Onkel und meine Tante mit meiner Großmutter versteckten. In der darauffolgenden Zeit wurde ich in verschiedene Familien gebracht, überwiegend katholische. Ich verbrachte acht Tage in der einen Familie, dann acht Tage bei einer anderen. Ich wechselte pausenlos den Ort, so oft, dass ich mich an die einzelnen Orte nicht mehr erinnere. Schließlich, im Januar 1944, hat mir meine Cousine, eine Widerstandskämpferin, falsche Papiere besorgt. Von einem auf den anderen Tag bin ich Rolande Sannier geworden, und man beschloss, mich nach Château-Renault zu schicken, wo ihre Geschwister versteckt waren. Ich erinnere mich, dass meine Cousine mir im Zug auf dem gesamten Weg eingetrichtert hat: »Vergiss nicht, du heißt nicht mehr Rachel. Du heißt Rolande Sannier.«

»Ja, ja, ich hab's verstanden!«, antwortete ich.

Die Pflegemutter meiner Cousine konnte mich nicht aufnehmen und vertraute mich jemand anderem an. Es war eine etwas ältere Frau, mürrisch, mit einem bettlägerigen Ehemann, die von meinem Onkel und meiner Tante bezahlt wurde.

Eines Morgens, ich war neuneinhalb Jahre alt, ließ ich meiner Tante, meinem Onkel und meiner Großmutter einen kleinen Brief mittels eines Lastwagenfahrers, der Richtung Paris fuhr, zukommen. Ich wollte meinen Schulranzen. Zwei oder drei Tage später kam der Fernfahrer mit einem in Zeitungspapier eingewickelten Paket wieder. Ich will es gerade entgegennehmen, als meine Pflegemutter wie aus dem Nichts auftaucht und es ihm aus den Händen reißt. Sie öffnet es und schaut hinein: Dann wendet sie ihre großen schwarzen Augen zu mir und sagt: »Du heißt nicht Rolande Sannier? Du heißt Rachel Psank...«

In meinem Schulranzen hatte meine Tante ein Heft mit dem Namen Rachel Psankiewitz übersehen.

Ich gerate in Panik, während sie verbissen meinen Nachnamen auf dem Etikett auszusprechen versucht. Dann wirft sie es mir vor die Füße und brüllt: »Du bist jüdisch?«

»Ja«, antworte ich.

Sie schlug mich und drohte mit Denunziation. Je mehr Tage

vergingen, desto weniger redete ich. Nach einigen Wochen sprach ich überhaupt nicht mehr.

Während dieser Zeit arbeitete meine Schwester bei einem Ehepaar, Monsieur und Madame Proust, als »Mädchen für alles«. Eines Tages, als ich sie besuchen durfte, sah mich Madame Proust in einem solchen Zustand, dass sie die Pflegemutter meiner Cousins verständigte. »Die kleine Rolande sieht übel aus.« Daraufhin hat sie mich abgeholt, einen Monat vor der Befreiung von Château-Renault. Sie hat einen Aufstand gemacht, meine Sachen zusammengepackt und gebrüllt. Ich erinnere mich an ihre Wut. Sie hat mich zu ihrer Schwester und ihrem Schwager gebracht, die anständige Leute waren, Arbeiter mit zwei jungen Mädchen, die mir Lieder vorgesungen haben. Ich hatte sehr schöne schwarze lockige Haare, die sie mir frisiert haben. Langsam fand ich die Sprache wieder. Allerdings habe ich schnell begriffen, dass ich mit all dem, was ich erlebt und durchgemacht hatte, nicht mehr wie die anderen Kleinen in meinem Alter war.

Ich erinnere mich an jenen Nachmittag im Juni 1944. Es gab in Château-Renault ein Mädchen, das wir die Schlossherrin nannten, weil sie in einem Herrenhaus wohnte. An diesem Tag lud sie die Kinder aus der Nachbarschaft zur Taufe ihrer Puppe ein. Wir kommen in den Garten, in dem große Tische mit köstlichen Speisen gedeckt sind, wie ich sie noch nie gesehen hatte. Ich erinnere mich: Man hatte mir einen Hut auf den Kopf gesetzt, der mir ständig in die Augen rutschte. Ich hörte die anderen sprechen, Dinge über ihre Eltern erzählen und über die Puppe reden, während ich immer wieder meinen Hut richtete.

Das hier war nicht mehr mein Platz. Ich pfiff auf die Puppe, auf die Taufe, und meine Eltern waren seit Langem nicht mehr bei mir.

12

»In Erinnerung an die Schüler dieser Schule, die von 1942 bis 1944 deportiert wurden, weil sie jüdisch geboren wurden, unschuldige Opfer der Barbarei der Nazis unter aktiver Mitwirkung des Vichy-Regimes. Sie wurden in den Todeslagern ermordet.«

Das ist die Formulierung, die wir für alle Gedenktafeln an der Außenseite der Schuleinrichtungen gewählt haben. Goldene Buchstaben auf einem schwarzen Hintergrund. Wie Sterne, die in der Nacht leuchten.

Die Sätze funkelten an der Ecole élémentaire de l'Ave Maria im vierten Arrondissement von Paris. Unter den 11.400 deportierten französischen Kindern kamen viele aus diesem Viertel. Dennoch wurde gerade dort die Gedenktafel gestohlen. Damit gehört sie zu der inzwischen langen Liste der zu ersetzenden Tafeln: zerstört, abgeschraubt oder beschädigt.

Als mein Enkelsohn mich nach dem bedauerlichen Vorfall auf dem Friedhof von Carpentras dazu aufforderte, meine Geschichte zu erzählen, hatte er verstanden, dass niemand wusste, dass seine Klassenkameraden nicht wussten, was geschehen war. Und dass die Schändungen nicht nur Anekdoten waren. Es sind die Symptome einer Krankheit, die wir nie zu heilen vermochten und die durch diese Taten wieder auflebt.

An dem Tag, als ich das Zeitzeugengespräch vor der großen Schülerversammlung mit dem Jungen mit den schwarzen Haaren gab, habe ich lange eine Szene aus Château-Renault beschrieben, ein paar Tage vor der Befreiung. Es muss im Juni 1944 gewesen sein. Es war glühend heiß. Wir übten gerade Bockspringen im Stadion der Stadt, unter der Aufsicht unserer Lehrerinnen. Plötzlich hörten wir in der Ferne Motorengeräusche und sahen auf der Straße einen Konvoi von Lastwagen entlangrasen, randvoll mit deutschen Soldaten, die sich Richtung Osten zurückzogen. Die Wagen waren mit Ästen bedeckt. Auf unserer Höhe hielten sie an. Junge Soldaten stiegen aus und richteten ihre Waffen auf uns. Ich höre noch die Stimme einer der Lehrerinnen, die uns begleitete:
»Beeilt euch!« Voller Panik rannten die Kinder in alle Richtungen davon, während die Soldaten über uns lachten.
Ich bewegte mich nicht. Ruhig und regungslos schaute ich dem Horrorspektakel zu. Ich war wie versteinert. Man hatte mich so oft verhaften, so oft fangen wollen, dass ich nicht mehr in der Lage war zu fliehen. Dann fuhr der Konvoi davon.
An jenem Tag in Château-Renault waren wir keine Juden. Wir waren einfach nur unschuldige Kinder, die in einem Park spielten. Keiner von uns trug einen gelben Stern oder ein anderes Zeichen. All das zählte nicht mehr.

*

Am Ende des Krieges war ich nicht mehr ich selbst. Das große Mädchen, das ich geworden war, schaute auf die kleine Rolande Sannier herab und ließ sie wie eine Marionette agieren. Ich war zu viele Personen auf einmal gewesen, um eine davon voll und ganz zu sein. Ich wusste nicht mehr, wer ich wirklich war.

Schließlich kamen die Amerikaner nach Château-Renault. Ich höre noch die Schreie »Sie sind da! Sie sind da!« und sehe mich in Richtung Hauptstraße rennen, wo Hunderte Menschen den Lastwagen mit Soldaten applaudierten, die sich am Waldrand niederließen.
Wir waren so glücklich! Ab dem darauffolgenden Tag standen wir Kinder vor ihren Zelten, um nach »sem sem gum« (Chewing Gum) und nach Schokolade zu fragen.
Der erste Soldat, der heraustritt, fragt uns: »Do you speak English?« Aber niemand versteht, was er sagt. Nach langem Zögern traue ich mich:
»Jiddisch?«
»Du sprichst Jiddisch?«
»Ja.«
»Wo sind deine Eltern?«
»Sie wurden nach Deutschland geschickt.«
»Komm mit mir.«
Diese Sprache zu sprechen war das erste Stück von meinem Zuhause, das ich woanders wiederfand. Ich folgte ihm still in das Zelt und kam mit einem Tablett voller Süßigkeiten wieder heraus. Ich verteilte sie an die anderen, die alle sagten: »Die kleine Rolande spricht aber gut Englisch.«

Über viele Monate konnte ich nicht verstehen, warum er ausgerechnet mir die Süßigkeiten gegeben hatte. Ich habe mir nicht einmal die Frage gestellt. Als ich dann nach Paris zurückgekehrt bin, ist es mir klar geworden.
Nach der Befreiung haben meine Schwester und ich meinen

Onkel, meine Tante und meine Großmutter wiedergefunden. Wir haben den Weg hoch oben auf einem Lastwagen zurückgelegt, der Äpfel transportierte, und sind wieder zu ihnen gezogen. Wir hingen Tag und Nacht am Radio und hofften auf das Kriegsende und die Rückkehr unserer Eltern.

Nach der Kapitulation am 8. Mai 1945 wurden in den Nachrichten die Rückkehrer angekündigt. Zunächst die Kriegsgefangenen, sie kamen am Ostbahnhof an. Dann die Deportierten, die im Hôtel Lutetia, im sechsten Arrondissement in Paris, empfangen wurden.

War meine Schwester hellsichtiger als ich? Vielleicht hat sie mich daran glauben lassen, weil allein die Aussicht, unsere Eltern wiederzusehen, mich glücklich machte. Ich wollte voll und ganz daran glauben. Ich malte mir die Reise meines Vaters in meinem Kopf aus: Sie hatte ihren Anfang und ihr Ende, durchmischt mit Abenteuern. Papa hatte nach einem Bombenangriff bestimmt den Verstand verloren, dann wurde er auf einem Bauernhof irgendwo in Frankreich versteckt, und man würde ihn hierherschicken, ins Lutetia. Bei meiner Mutter war es schwieriger. Ich wusste nicht, wo man sie mit den anderen hingebracht hatte. Aber ich erfand Geschichten, um weiter hoffen zu können.

Im Radio kündigten sie an, dass die Angehörigen die Überlebenden besuchen könnten. Also bin ich mit Louise und einer Fotografie der beiden zum Hôtel Lutetia gegangen. Ein großer Bau an einer Kreuzung. Meine Hand in der meiner Schwester stiegen wir die ersten Stufen der Außentreppe hoch. Ich war zu ungeduldig, um zu warten, daher habe ich sofort, als sich uns ein Unbekannter näherte, gefragt: »Kannten

Sie …?« Aber ich konnte den Satz nicht zu Ende bringen. Als ich ihm die Fotografie meiner Eltern zeigte, sah ich plötzlich, dass der Mann schwarze Augen hatte, eingefallen in seine Augenhöhlen, und dass er nicht mehr als fünfunddreißig Kilo wog. Mich ergriff die Angst, und wir rannten davon.

Später, als wir zurückkehrten, schaute ich nicht mehr um mich. Ich richtete meine Augen auf die Plakate, auf denen die Namen der Überlebenden standen. Ich kannte kaum einen. Ich weiß nicht, wie oft wir das gemacht haben. Wie viele Male wir vom Lutetia wieder nach Hause sind und uns gesagt haben, beim nächsten Mal werden wir sie finden, beim nächsten Mal klappt es. Aber ich brauchte Zeit, um aufzugeben. Um zu akzeptieren, dass meine Eltern nicht mehr wiederkommen würden. Sie nicht und auch nicht die fünfzehn anderen Mitglieder dieser Familie, die mir so viel Wärme gegeben hatte. Es gibt keinen bestimmten Tag, an dem meine Großmutter, meine Schwester und ich diese Tode akzeptiert haben. Es ist ein Verlust, der sich mit der Zeit festgesetzt hat, wie ein Schleier vor den Augen. Ein schwerer Schmerz in der Brust. Das, was wir gekannt hatten, gab es nicht mehr.

Meine Kindheit, diese universelle, alle Menschen verbin-
dende Phase, die der Ursprung meines unermüdlichen Ein-
satzes ist, endet hier. Die Fortsetzung erzähle ich jetzt nicht.
Das ist eine andere Geschichte, die ich mir mit der Zeit auf-
gebaut habe. Auch die meiner Schwester ist eine andere. Sie
lebt heute in den USA, und ihr ist es, vielleicht weil sie älter
war, nie gelungen, ihre Vergangenheit in eine Lebensaufgabe
umzuwandeln. Über ihre Kindheit konnte sie nie sprechen.

Nach dem Krieg haben wir versucht, gemeinsam wieder ein
Leben aufzubauen. Ein Zuhause. Aber das war unmöglich;
es gab zu viele Tote. Wir mussten jeweils ein eigenes Zuhause
gründen, in dem wieder Leben aufblühen konnte. Einen Ort
ohne Vergangenheit finden und wieder von Null beginnen.

Seit Jahren lebe ich für mich und sie für sich. Doch alles, was
ich je tat, habe ich stets in unser beider Namen getan, für
uns beide. Mit der Kraft, die sie mir von klein auf und während unserer Flucht gegeben hat. Ihr stärkender Schatten
wacht über allem, was ich tue.

Mitte der 2000er-Jahre hatten wir schon zahlreiche Gedenktafeln angebracht. Es gab sie an vielen Grundschulen,
Hauptschulen und Gymnasien. Die goldenen Buchstaben
belebten die düstere Nacht. Ich war zufrieden. Mit dem
Komitee haben wir große Arbeit geleistet. Aber ich wusste,

dass noch eine Gedenktafel fehlte. Und dass ohne sie alles sinnlos war.

In der Bellevilloise, Rue Boyer, vor diesem Ort, der nunmehr Festen und Konzerten gewidmet ist, gab es nichts, das daran erinnerte, dass dort Dutzende Kinder und ihre Mütter vor ihrer Deportation eingesperrt waren. Kaum jemand von denen, die dorthin gebracht wurden, ist entkommen, und meine Schwester und ich würden bald die Einzigen sein, die sich daran erinnern können.

Daher habe ich einen Antrag beim stellvertretenden Bürgermeister vom zwanzigsten Arrondissement, Jean-Michel Rosenfeld (und nach ihm bei Pascal Joseph), gestellt, um dort eine Gedenktafel anzubringen. Er hat uns sofort unterstützt. Aber über Jahre hinweg blieb unser Antrag liegen: Die Betreiber der Veranstaltungsstätte fürchteten, dass die Gedenktafel den festlichen Ort beeinträchtigen würde, und lehnten sie daher ab.

Es hat mehr als vier Jahre gebraucht, bis sie zustimmten. Und dafür mussten wir in einem Punkt nachgeben: Die Tafel ist nicht schwarz und golden, sondern wandfarben. Sie ist auch kleiner, sie fällt weniger auf. Aber ich glaube, dass meine Schwester und ich hiermit unsere Aufgabe erfüllt haben: eine Fackel der Erinnerung zu sein.

Seit diesem Tag ist das kleine Mädchen aus der Bellevilloise in mein Inneres zurückgekehrt. Sie steht neben Rolande Sannier, dem kleinen Mädchen mit zu großem Hut aus Château-Renault, neben der Schwester von Louise, neben der Familienmutter, neben der Großmutter und Urgroßmutter, die ich heute bin. Indem ich mich erinnerte und Brücken zwischen den Zeiten baute, habe ich wieder zu mir selbst gefunden. Mein Schmerz ruht nicht mehr in dieser Welt. Ich habe mit ihm abgeschlossen.

Daher erzähle ich von ihm. Nicht um zu weinen, nein, auch nicht um ihn zu verarbeiten. Ich sehe mich wie Elézard, der einsame Schäfer in der Kurzgeschichte von Jean Giono, der Bäume pflanzt, um seine karge Heimat zu begrünen.
So ist an jenem Tag, als ich das Zeitzeugengespräch vor der Schülerversammlung hielt, der Junge mit den dunklen Haaren am Ende zu mir gekommen. Mit schüchterner Stimme hat er mir gedankt.

Da wusste ich, dass ich es geschafft hatte, in ihm einen Samen zu säen, der vielleicht eines Tages Früchte trägt.

DANKSAGUNG

Ein immenses Dankeschön an Serge Klarsfeld, der es uns mit seinem wertvollen Mémorial des martyrs de la déportation ermöglicht hat, die Namen der jüdischen Schulkinder herauszufinden, die aus Paris deportiert wurden. Danke auch an Serge Moati und an Robert Boublil.

Danke ebenfalls an die Mitarbeiter des Mémorial, die so viel für die Erinnerung geleistet haben. Und schließlich danke an meine Tochter, an meinen Schwiegersohn und an meine Enkel für all das Glück, das sie mir geschenkt haben.

Rachel Jedinak

Nachwort der Übersetzerin

In der generationenübergreifenden Traumaverarbeitung der Opfer des Nationalsozialismus begegnet uns immer wieder das Schweigen. Manche können das Schweigen nie brechen, andere beginnen mit der Zeit zu sprechen. So Rachel Jedinak, die ich persönlich kennenlernen durfte und die mich mit ihren Erinnerungen tief berührt und zu dieser Übersetzung inspiriert hat.
Dem Bericht Rachel Jedinaks soll im Folgenden ein kurzer historischer Rahmen gegeben werden.

Am 3. September 1939, zwei Tage nach dem deutschen Überfall auf Polen, kamen Frankreich und Großbritannien ihren jeweiligen Beistandspakten mit Polen nach: Sowohl aus Paris als auch aus London erfolgten Kriegserklärungen gegen das Deutsche Reich. Das Risiko einer Offensive gingen sie jedoch nicht ein. Frankreich entschied sich für eine Defensivtaktik: Während des sogenannten »Sitzkrieges« (»drôle de guerre«) von September 1939 bis Mai 1940 vertraute man darauf, dass die Maginot-Linie, eine aus Bunkern bestehende Befestigungsanlage entlang der französischen Grenze zu Belgien, Luxemburg, Deutschland und Italien, einem deutschen Angriff standhalten würde. Anstelle von militärischen Operationen setzten Frankreich und Großbritannien den Fokus auf eine umfassende Wirtschaftsblockade gegen Deutschland. Die deutsche Führung rüstete währenddessen ihre inzwischen von Polen an die westliche

Reichsgrenze verlegten Einheiten auf und beendete schließlich am 10. Mai 1940 den monatelangen Stellungskrieg mit einer für Frankreich geografisch überraschenden Offensive durch die Ardennen, einem undurchdringlich erscheinenden bewaldeten Bergland, entsprechend Generalleutnant Erich von Mansteins Plan.

Die Franzosen konnten sich lediglich sechs Wochen gegen den »blitz allemand« wehren. Am 10. Juni flüchtete die Regierung schließlich aus Paris. Am folgenden Tag, dem 11. Juni 1940, wurde Paris zur »offenen Stadt« erklärt, also nicht mehr verteidigt, und am 14. Juni von den Deutschen besetzt. Drei Tage später, am 17. Juni 1940, nahm Philippe Pétain, am Vortag von Staatspräsident Albert Lebrun zum neuen Ministerpräsidenten ernannt, Kontakt zum Deutschen Reich auf, um die Bedingungen eines Waffenstillstands zu erkunden. Dieser wurde am 22. Juni 1940 im Wald von Compiègne unterzeichnet.

Mit dem Waffenstillstand vom 22. Juni 1940 wiederholte sich ein Muster: So wie dem unterlegenen Deutschland 1918 der Friede in Versailles diktiert wurde, nachdem das Deutsche Reich 1871 in Versailles gegründet worden war, so wurde der Waffenstillstand 1940 im Wald von Compiègne geschlossen – dort, wo 22 Jahre zuvor Deutschlands Niederlage im Ersten Weltkrieg besiegelt worden war. Für die Zeremonie wurde sogar jener Eisenbahnwagen aus dem Museum geholt, in dem Deutschland den Waffenstillstand von 1918 und die damit verbundenen Bedingungen unterzeichnet hatte. Der Waffenstillstandsvertrag von 1940 kam de facto einer Kapitulation Frankreichs gleich. De jure blieb Frankreich zwar (noch) territorial unangetastet, 60 Prozent des Landes standen jedoch fortan unter deutschem Besatzungsrecht und es mussten für die Besatzung von Frankreich »Unterhaltskosten« an den Besatzer gezahlt werden. Frankreich hatte aufgehört, als zusammenhängender Staat zu existieren: Die Demarkationslinie teilte Frankreich in den besetzten nördlichen und den – zumindest auf dem Papier – unabhängigen Teil im Süden. Am 9. Juli 1940 wurde Vichy zum provisorischen Sitz der »unabhängigen« Regierung und der beiden Parlamentskammern erklärt.

Allerdings fügte sich auch die Regierung in Vichy den Besatzern, obwohl sie im eigentlich freien Teil des Landes lag. Die rechtsstaatlichen Errungenschaften der dritten Republik wurden zunehmend abgeschafft und die »République française« wurde mit Pétain zum »État français«. Mittels einer antisemitischen Politik versuchte die Vichy-Regierung die Verbindungen zu den neuen deutschen Machthabern zu verbessern: Der État français – unter Leitung von Philippe Pétain, der nun als Chef de l'État (Staatschef) fungierte, und seinem Ministerpräsidenten Pierre Laval – verfolgte eine Politik der Kollaboration. Zum einen sollte durch pragmatische Zusammenarbeit mit den deutschen Behörden das Beste für das leidende Frankreich herausgeholt werden und zum anderen jedoch gab es in Vichy einen Flügel, der durch seine ideologische Nähe zum Naziregime zu jedem Handlangerdienst, teilweise in vorauseilendem Gehorsam, bereit war. So erließ die Pétain-Regierung zum Beispiel am 3. Oktober 1940 das »Statut des Juifs«, das den rechtlichen Status der Juden in Frankreich regelte, nahezu vollständig aus eigenen Stücken. Jüdisches Leben in Frankreich wurde mit diesem Gesetz und dessen Verschärfung zum 2. Juni 1941 drastisch eingeschränkt. Als eine der symbolträchtigsten Szenen der Kollaboration gilt die Razzia vom Vélodrome d'Hiver (Vél d'Hiv) vom 16. und 17. Juli 1942. Während dieser beiden Tage verhaftete die französische Polizei, nach vorheriger Absprache mit der deutschen Besatzungsmacht, 13.152 in Paris lebende Juden. Erwachsene ohne Kinder wurden unmittelbar in das Sammellager von Drancy nordöstlich von Paris gebracht, die verbleibenden 8160 Personen – 4115 Kinder, 2916 Frauen und 1129 Männer – wurden fünf Tage im Vél d'Hiv, der Radsporthalle im 15. Arrondissement, gefangen gehalten und dann in die Durchgangslager Drancy, Beaune-la-Rolande und Pithiviers verlegt. Von dort wurden die Inhaftierten mit Zügen unter katastrophalen Bedingungen in die Vernichtungslager in den Osten deportiert.

Die Kollaboration wurde in der französischen Erinnerungspolitik jahrzehntelang weitestgehend verschwiegen. Erst am 16. Juli 1995 hat Staatspräsident Jacques Chirac anlässlich des Jahrestages der Razzia vom Vel d'Hiv nach über fünfzig Jahren zum ersten Mal öffentlich eingeräumt, dass der französische Staat eine Mitschuld an der Judendeportation trägt. Chiracs Rede und sein Bekenntnis vom 16. Juli 1995 zum Gedenken an die Razzia vom Vél d'Hiv stellen einen Wendepunkt und Meilenstein der französischen Aufarbeitungspolitik dar.

Bis zu Chiracs später staatsamtlichen Distanzierung vom Kollaborationsregime stand vor allem die Résistance im Fokus der Aufarbeitungs- und Erinnerungspolitik. Koordi-

niert wurde die Résistance – die nicht nur die Besatzer atta-
ckierte, sondern auch die mit ihnen zusammenarbeitenden
Franzosen – von Charles de Gaulle und durch die von ihm
aus dem britischen Exil geleitete Bewegung »France Libre«.
Nach der Befreiung Frankreichs von der deutschen Besatzung im Sommer 1944 konnte de Gaulle dadurch für sich
in Anspruch nehmen, legitimer Führer eines landesweiten
Widerstands gewesen zu sein. Frankreich wurde in der Folge
ein vollwertiger Verbündeter der Alliierten, die zuvor Frankreich mit ihrer Landung an der Küste der Normandie am
6. Juni 1944 zunächst Stück für Stück befreien mussten. Am
25. August 1944 zogen die Alliierten kampflos in Paris ein,
und Charles de Gaulle bildete umgehend eine provisorische
französische Regierung. Der deutsche Stadtkommandant
von Paris, General Dietrich von Choltitz, hatte zuvor kapi-
tuliert und damit den Befehl Hitlers verweigert, Paris zu ver-
teidigen oder »nur als Trümmerfeld in die Hand des Fein-
des« fallen zu lassen.

Frankreich musste sich sowohl von der deutschen Besatzung
als auch vom Kollaborationsregime befreien. De Gaulle
erklärte die Résistance zur einzig legitimen Repräsentantin
Frankreichs. In Anbetracht der aktiven Kollaboration war
der Alliierten-Status von Frankreich allerdings umstrit-
ten. Auf der Konferenz von Jalta vom 4. bis 11. Februar 1945
wurde die Aufteilung Deutschlands zunächst nur in drei
Besatzungszonen und ebenfalls die Berlins in lediglich drei
Sektoren beschlossen. Erst durch Vermittlung von Wins-
ton Churchill und gegen den Widerstand Josef W. Stalins
und Franklin D. Roosevelts wurde Frankreich in den Kreis
der Siegermächte einbezogen und aus Teilen der ameri-

kanischen und britischen Zone wurden französische Be-
satzungsgebiete gebildet.

Von da an wuchs für nun über 75 Jahre – mit vielen Her-
ausforderungen und einigen Rückschlägen – ein friedliches
Europa zusammen, in dem wir heute noch überwiegend
in Freiheit und Pluralität leben können; Werte, die wir als
selbstverständlich ansehen. Viele von uns kennen ein Leben
ohne diese Privilegien gar nicht.

Die Übersetzung von Rachel Jedinaks Erinnerungen soll
einen Beitrag für die europäische Erinnerungspolitik leisten und weitere Aufklärungsarbeit an Bildungsinstitutionen
ermöglichen, damit jeglicher Form von Rassismus, Antisemitismus und Rechtsstaatsfeindlichkeit entgegengewirkt
wird.

Rebecca Lyson
Frankfurt am Main im Juni 2024

Vertiefende Literatur

K. Knipp, Paris unterm Hakenkreuz – Alltag im Ausnahme-
zustand, wbg Theiss 2020.
H. Miard-Delacroix, A. Wirsching, Von Erbfeinden zu guten Nachbarn – Ein deutsch-französischer Dialog, Reclam,
2020.
G. Müchler, Beste Feinde – Frankreich und Deutschland –
Geschichte einer Leidenschaft, wbg Theiss 2022.